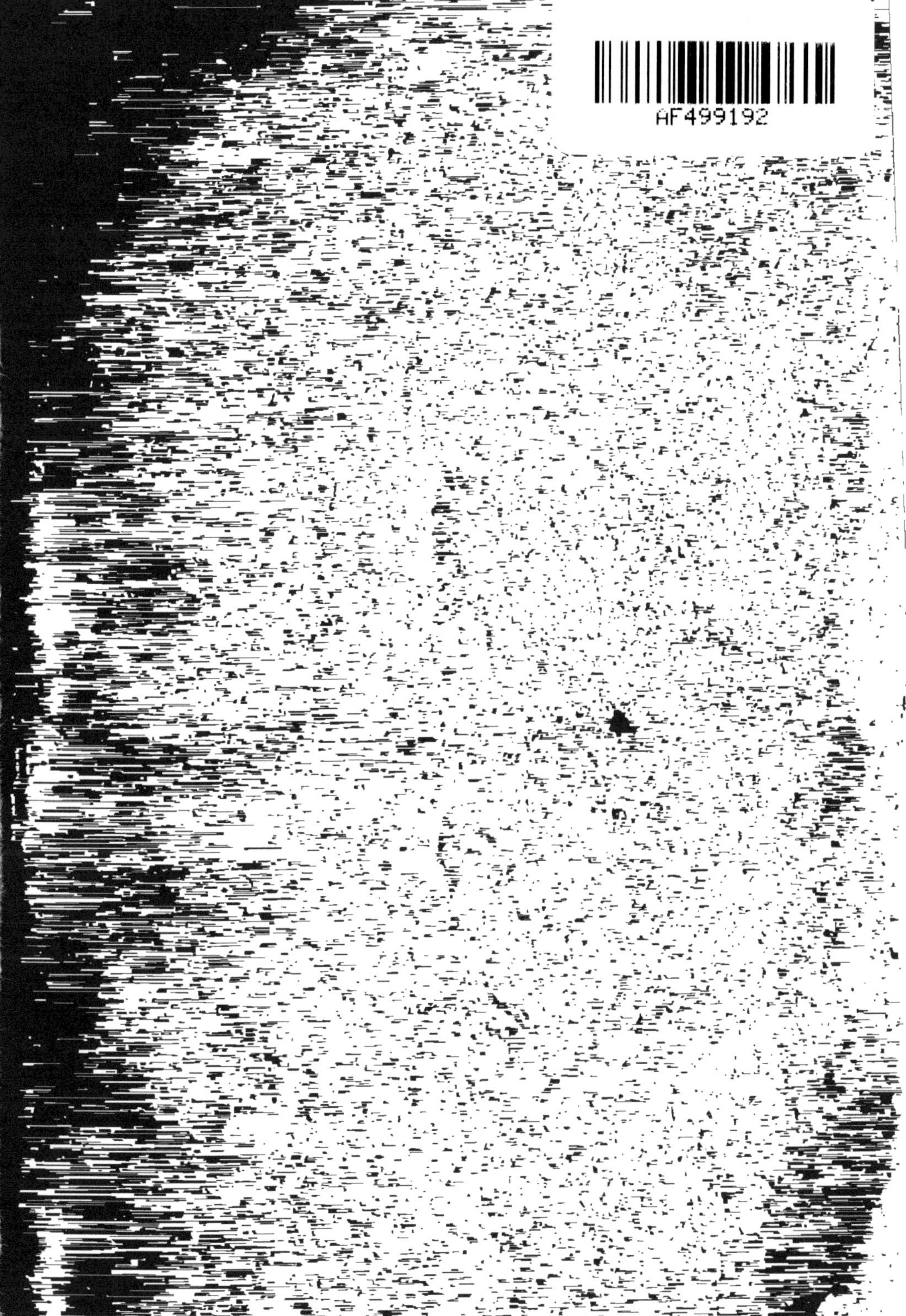

AF499192

X 1326.
D.12.

.320.
12.

NOUVELLES CONVERSATIONS
FRANÇAISES ET ANGLAISES.

13561

NOUVELLES CONVERSATIONS

FRANÇAISES ET ANGLAISES;

CONTENANT DES

PHRASES ÉLÉMENTAIRES,

ET DE

NOUVEAUX DIALOGUES FACILES,

EN FRANÇAIS ET EN ANGLAIS,

SUR LES SUJETS LE PLUS EN USAGE,

PAR W. A. BELLENGER,

AUTEUR D'UN DICTIONNAIRE D'IDIOTISMES, ETC.

DOUZIÈME ÉDITION, REVUE AVEC SOIN.

PARIS,

CHEZ BAUDRY, LIBRAIRE, RUE DU COQ-ST.-HONORÉ.

1829.

MODERN

FRENCH AND ENGLISH CONVERSATION;

CONTAINING

ELEMENTARY PHRASES,

AND NEW EASY DIALOGUES

IN FRENCH AND ENGLISH,

ON THE MOST FAMILIAR SUBJECTS.

BY W. A. BELLENGER,

AUTHOR OF A DICTIONARY OF IDIOMS, ETC.

TWELFTH EDITION,

CAREFULLY REVISED AND IMPROVED.

PARIS,

PRINTED FOR BAUDRY, RUE DU COQ-ST.-HONORÉ.

1829.

DE L'IMPRIMERIE DE J. SMITH,
Rue Montmorency, N° 16.

PREFACE.

PRÉFACE.

On a publié jusqu'à ce jour diverses collections de dialogues à l'usage des personnes qui étudient la langue anglaise ; mais quoique quelques-uns de ces ouvrages ne soient pas sans mérite, et qu'on ne puisse pas leur contester un grand degré d'utilité, aucun n'a encore obtenu la sanction d'une approbation générale. Si l'on y trouve plusieurs choses dignes de louanges, on y remarque aussi des défauts assez nombreux : de sorte que la tâche de porter un ouvrage de ce genre à un certain degré de perfection reste encore à remplir. Je ne ferai mention ni de l'incohérence de quelques phrases qu'on a remarquée dans les uns, ni de fréquens

PREFACE.

Several Collections of Dialogues have been published for the use of the students in the French language. But, though some of them are not without merit, and may, in a great measure, be found useful, none, as yet, has obtained the sanction of universal approbation. Where many things have been found worthy of praise, many defects have also been remarked; and the task of bringing this sort of composition to some degree of perfection, remains still to be filled up. I shall not mention the impropriety of some phrases which are seen in some of those publications, nor shall I dwell on the frequent Anglicisms and Gallicisms

Gallicismes et Anglicismes qu'on rencontre dans les autres : ces fautes, et d'autres encore, ont été signalées si souvent qu'il serait superflu de les rappeler ici. Cependant, quelques auteurs semblent avoir pensé qu'ils ne pouvaient pas composer des dialogues familiers faciles, sans présenter une concordance littérale constante entre le français et l'anglais : c'est une erreur très-grave dans un livre élémentaire, en ce que l'écolier, au lieu de trouver les difficultés aplanies par ces prétendues traductions littérales, y puise de fausses notions des locutions propres à la langue anglaise, et contracte par là l'habitude de s'exprimer en mauvais anglais.

Un autre défaut d'une non moindre importance, est le peu d'ordre et la négligence avec lesquels ces ouvrages sont écrits trop généralement. La négligence dans la rédaction amène inévitablement beau-

which occur in many of them. These, and other faults, have been so often complained of, that it is needless to make any remark. Indeed, some of the writers seem to have imagined that they could not compose familiar and easy Dialogues, unless they should constantly offer a literal concordance of the French with the English: a very essential error in an elementary book, since the student, instead of having the difficulty removed by these supposed literal translations, acquires wrong notions of the French Idiom, and habits of repeating sentences of bad French.

Another defect, of no less importance, is the incoherent and desultory manner after which they are too generally written. This loose way of composing will unavoidably bring in with it a good deal of useless

coup de choses inutiles, et le manque d'ordre ne peut être que très-désavantageux pour l'écolier : car, outre la difficulté de graver dans sa mémoire des phrases sans ordre et sans liaison, il lui arrive, lorsqu'il a recours à ces dialogues pour y chercher la manière d'exprimer sa pensée dans quelques circonstances particulières, d'être obligé de parcourir toutes les pages du livre, et trop souvent même ses recherches sont infructueuses. C'est à ce défaut de renseignemens clairs et précis qu'il faut, peut-être, attribuer la grande méfiance qu'apportent ordinairement les français dans leurs premiers essais pour parler la langue anglaise.

Ces considérations m'ont déterminé à publier un nouveau livre élémentaire de conversation anglaise. L'accueil flatteur qu'on a fait à cet ouvrage, et les encouragemens que j'ai reçus m'ont donné l'assurance que j'avais heureusement trouvé

things. A mere want of order cannot be but of a great disadvantage to the student. For, besides the difficulty of getting by heart sentences without connexion or plan, if he wishes to express himself in some particular circumstance, and looks in those Dialogues for a sentence adapted to his purpose, he is obliged to run up and down all the pages of the book for it; and, after much trouble, finds himself too often disappointed. To this want of proper assistance may, perhaps, be ascribed the great diffidence which the English generally feel in their first attempts to speak French.

These considerations had induced me to undertake a new elementary book on French Conversation. The flattering reception it has met with, and the encouragement I have received, convinced me that I had fortunately hit upon such

quelques dialogues qui manquaient et qui étaient généralement désirés. Pour obtenir de nouveaux droits à la bienveillance du public, je me suis efforcé de rendre cette nouvelle édition aussi complète et aussi parfaite qu'il m'a été possible.

Dans cette vue, et sans rien changer à la nature des dialogues, j'en ai étendu le plan, pour réunir tous les sujets d'un usage général. En me renfermant dans ces limites, en n'introduisant dans les dialogues que les phrases qui leur conviennent, enfin en prenant un soin particulier du choix des expressions, je me suis trouvé à même de réunir, dans un cadre peu étendu, une grande variété de phrases les plus habituelles, et spécialement de ces façons de s'exprimer et de ces locutions qui sont propres à la langue anglaise, et qui se reproduisent continuellement dans la conversation. Cet ouvrage, composé d'après ces principes, de-

Dialogues as were really wanted and generally wished for. The better to deserve the approbation of the public, I have endeavoured, in the present edition, to make the work as perfect as possible, and to complete what I just attempted.

With this view, and without changing the nature of the Dialogues, I have enlarged the plan, so as to comprehend nearly all subjects of general use. By confining myself to these, introducing no other sentences but what belonged to each, and taking a particular care in the choice of those sentences, I have been enabled to bring together, within a small compass, a great variety of the most useful phrases, and especially of those turns of expression, and forms of speech, which constitute the French Idiom, and continually recur in conversation. The book, by its form and contents, becomes a sort of general repository, which may be con-

viendra, en quelque sorte, un répertoire général qu'on pourra consulter pour un grand nombre de phrases usuelles qu'on chercherait vainement ailleurs.

Si l'on reprochait trop de trivialité à quelques-uns des sujets que j'ai traités, je répondrais en citant les paroles d'un auteur moderne qui, dans ses voyages sur le continent, ayant probablement senti souvent le besoin d'un livre tel que celui-ci, disait :

« Si l'on voulait réunir tous les *guides*, *itinéraires*, *voyages*, etc., qui ont été publiés, on en formerait à la fin une bibliothèque si nombreuse, qu'il deviendrait impossible à un voyageur de s'en charger. Aussi suis-je vraiment étonné que, parmi tous les ouvrages de ce genre que j'ai eu occasion d'examiner, il ne s'en trouve pas un dont l'auteur ait pensé qu'il convînt d'y placer un seul dialogue dont les demandes et les réponses indiquassent des

sulted for many phrases constantly in use; and which would, I think, be vainly looked for in any other collection.

If any one should object to some subjects as being too low, I will answer in the words of a modern author, who, in his travels on the Continent, has, it seems, very often felt the want of such a book as this.

" The countless number of Guides, Tours, Journeys etc. collected, would form (at least fill) a library, with which a man cannot possibly emigrate; and I am really astonished that amongst all such of these as have fallen under my inspection, there has not been one traveller who has thought it worth his while to give a single dialogue in common interrogatory and reply, on subjects that are as necessary to be asked and answered, as it is to do

choses communes, aussi nécessaires à savoir exprimer que les choses elles-mêmes auxquelles elles ont rapport, comme manger, boire, et dormir. On trouverait, sans doute, ces questions et les réponses, au moins pour la plupart, éparses ça et là dans les différentes grammaires; mais, outre que les choses ainsi dispersées manquent de clarté, le défaut d'ensemble entraîne la nécessité de s'embarrasser en voyage d'un grand nombre de volumes; et lorsqu'on les a réunis, il faut les parcourir page par page, pour trouver ce qu'il eût été facile de réunir dans un cadre très-peu étendu.» —LE GLANEUR, par PRATT.

Tel est le plan que j'ai suivi, et si l'exécution ne laisse rien à désirer, comme je suis porté à me le persuader, mon travail sera d'une grande utilité pour les jeunes étudians; je crois même qu'il pourra être agréable à ceux qui ont déjà fait quelques progrès dans la langue anglaise. Je n'ose

those offices to which they lead, viz. eat, drink, and sleep. Dialogues of this kind, or rather the questions and answers that form part of them, may, it is true, be found scattered up and down in the different grammars; but, besides that the things wanted lie too widely dispersed, it implies the necessity of taking a library with you, and after that is done, hunting about from page to page for the things wanted, instead of having them brought together under your eye, and within compass."—PRATT'S GLEANINGS.

These words contain the very plan of the present work, which, if I have well executed it, must, I humbly trust, prove of great utility to the young student, and perhaps not unacceptable even to those who are already tolerably proficient in the French language. That I have brought it

me flatter d'avoir atteint la perfection, mais je puis assurer que je n'ai épargné ni mon temps ni mes peines pour arriver à ce but. C'est d'après cette conviction que je soumets mon ouvrage au jugement du public et à l'épreuve de l'expérience.

to a state of perfection, I do not flatter myself; but that I have spared no pains nor time to fill up the task, I am truly conscious, and on that account submit it, with less diffidence, to the judgment of the public and the test of experience.

NOUVELLES CONVERSATIONS
ANGLAISES ET FRANÇAISES.

MODERN
FRENCH AND ENGLISH CONVERSATION.

VOCABULARY.		VOCABULAIRE.
	DONNEZ-moi.	*Give me.*
m.	Du pain.	*Some bread.*
f.	De la viande.	*Some meat.*
m.	Du vin.	*Some wine.*
f.	De la bière.	*Some beer.*
m.	Du fruit.	*Some fruit.*
f.	Des pommes.	*Some apples.*
f.	Une poire.	*A pear.*
f.	Une pêche.	*A peach.*
f.	Des cerises.	*Some cherries.*
f.	Des prunes.	*Some plums.*
m.	Du raisin.	*Some grapes.*
f.	Des amandes.	*Some almonds.*
f.	Des framboises.	*Some raspberries.*
f.	Des mûres.	*Some mulberries.*
f.	Une orange.	*An orange.*
f.	Des fraises.	*Some strawberries.*
m.	Un abricot.	*An apricot.*
f.	Une figue.	*A fig.*
f.	Des noix.	*Some walnuts.*
f.	Des noisettes.	*Some nuts.*

f. Des groseilles.	*Some currants.*
f. Des groseilles molles.	*Some gooseberries.*
f. Une châtaigne.	*A chestnut.*
m. Un citron.	*A lemon.*
f. Des nèfles.	*Some medlars.*
m. Du bœuf.	*Some beef.*
m. Du mouton.	*Some mutton.*
m. Du veau.	*Some veal.*
m. Du jambon.	*Some ham.*
m. Du rôti.	*Some roasted meat.*
m. Du bouilli.	*Some boiled beef.*

The verb AVOIR *conjugated with the above nouns.*	Le verbe *TO HAVE* conjugué avec les noms ci-dessus.
J'ai du pain.	*I have some bread.*
Tu as de la viande.	*Thou hast some meat.*
Il a du vin.	*He has some wine.*
Nous avons de la bière.	*We have some beer.*
Vous avez du fruit.	*You have some fruit.*
Ils ont des pommes.	*They have some apples.*
J'avais une poire.	*I had a pear.*
Tu avais une pêche.	*Thou hadst a peach.*
Il avait des cerises.	*He had some cherries.*
Nous avions des prunes.	*We had some plums.*
Vous aviez du raisin.	*You had some grapes.*

Ils avaient des amandes.	*They had some almonds.*
J'eus des framboises.	*I had some raspberries.*
Tu eus des mûres.	*Thou hadst some mulberries.*
Elle eut une orange.	*She had an orange.*
Nous eûmes des fraises.	*We had some strawberries.*
Vous eûtes un abricot.	*You had an apricot.*
Ils eurent des figues.	*They had some figs.*
J'aurai des noix.	*I shall have some walnuts.*
Tu auras des noisettes.	*Thou wilt have some nuts.*
Mon frère aura des groseilles.	*My brother will have some currants.*
Nous aurons des châtaignes.	*We shall have some chestnuts.*
Vous aurez un citron.	*You will have a lemon.*
Mes sœurs auront des nèfles.	*My sisters will have some medlars.*
J'aurais du bœuf.	*I should have some beef.*
Tu aurais du mouton.	*Thou wouldst have some mutton.*
Mon ami aurait du veau.	*My friend would have some veal.*

Nous aurions du jambon.	*We would have some ham.*
Vous auriez du rôti.	*You would have some roasted meat.*
Ils auraient du bouilli.	*They would have some boiled beef.*

VOCABULARY.	VOCABULAIRE.
Apportez-moi.	*Bring me.*
m. Du pâté.	*Some pie.*
m. Du beurre.	*Some butter.*
m. Du fromage.	*Some cheese.*
m. Des œufs.	*Some eggs.*
m. Du lait.	*Some milk.*
m. Du café.	*Some coffee.*
m. Du thé.	*Some tea.*
f. De la crême.	*Some cream.*
m. Un gâteau.	*A cake.*
f. De la salade.	*Some salad.*
m. Du sel.	*Some salt.*
m. Du poivre.	*Some pepper.*
m. Du vinaigre.	*Some vinegar.*
f. De l'huile.	*Some oil.*
f. De la moutarde.	*Some mustard.*
m. Du sucre.	*Some sugar.*
f. Des épices.	*Some spices.*

Qu'il ait du pâté.	*Let him have some pie.*
Ayons du beurre.	*Let us have some butter.*

Ayez du fromage.	*Have some cheese.*
Qu'ils aient des œufs.	*Let them have some eggs.*
Que les enfans aient du lait.	*Let the children have some milk.*
Que j'aie du café.	*That I may have coffee.*
Que tu aies du thé.	*That thou mayest have tea.*
Que son cousin ait de la crême.	*That his cousin may have some cream.*
Que nous ayons un gâteau.	*That we may have a cake.*
Que vous ayez de la salade.	*That you may have some salad.*
Qu'ils aient du sel.	*That they may have some salt.*
Que j'eusse du poivre.	*That I might have some pepper.*
Que tu eusses du vinaigre.	*That thou mightest have some vinegar.*
Qu'il eût de l'huile.	*That he might have some oil.*
Que nous eussions de la moutarde.	*That we might have some mustard.*
Que vous eussiez du sucre.	*That you might have some sugar.*
Qu'ils eussent des épices.	*That they might have spices.*

VOCABULARY.		VOCABULAIRE.
m.	Un couteau.	*A knife.*
f.	Une fourchette.	*A fork.*
f.	Une cuiller.	*A spoon.*
m.	Un verre.	*A glass.*
f.	Une serviette.	*A napkin.*
f.	Une nappe.	*A table-cloth.*
f.	Une assiette.	*A plate.*
m.	Un plat.	*A dish.*
m.	Un bassin.	*A basin.*
f.	Une bouteille.	*A bottle.*
m.	De l'or.	*Some gold.*
m.	De l'argent.	*Some silver*
m.	Du fer.	*Some iron.*
m.	De l'acier.	*Some steel.*
m.	Du cuivre.	*Some copper.*
m.	De l'airain.	*Some brass.*
m.	Du plomb.	*Some lead.*
m.	De l'étain.	*Some pewter* or *tin.*
m.	Du papier.	*Paper.*
f.	Des plumes.	*Some pens.*
m.	Un canif.	*A penknife.*
m.	Un livre.	*A book.*
f.	De l'encre.	*Some ink.*
f.	Une maison.	*A house.*
f.	Une chambre.	*A room.*
m.	Un château.	*A castle, a villa, a seat.*
m.	Un jardin.	*A garden.*
f.	Une muraille.	*A wall.*

f. Des fleurs.	*Some flowers.*
m. Des arbres.	*Some trees.*

The verb AVOIR *conjugated interrogatively.*	Le verbe TO HAVE conjugué interrogativement.
Ai-je un couteau ?	*Have I a knife ?*
As-tu une fourchette ?	*Hast thou a fork ?*
A-t-il une cuiller ?	*Has he a spoon ?*
Avons-nous des verres ?	*Have we got glasses ?*
Avez-vous des serviettes ?	*Have you got napkins ?*
Ont-ils une nappe ?	*Have they a table cloth ?*
Avais-je une assiette ?	*Had I a plate ?*
Avais-tu un plat ?	*Hadst thou a dish ?*
Avait-il un bassin ?	*Had he a basin ?*
Avions-nous une bouteille ?	*Had we a bottle ?*
Aviez-vous de l'or ?	*Had you some gold ?*
Avaient-ils de l'argent ?	*Had they any silver ?*
Eus-je du fer ?	*Had I some iron ?*
Eus-tu de l'acier ?	*Hadst thou any steel ?*
Eut-il du cuivre ?	*Had he some copper ?*
Eûmes-nous de l'airain ?	*Had we some brass ?*
Eûtes-vous du plomb ?	*Had you some lead ?*

Eurent-ils de l'étain ?	*Had they some ti ?*
Aurai-je du papier ?	*Shall I have some paper ?*
Auras-tu des plumes ?	*Wilt thou have pens ?*
Votre ami aura-t-il son canif ?	*Will your friend have his penknife ?*
Aurons-nous des livres ?	*Shall we have books ?*
Aurez-vous de l'encre ?	*Will you have some ink ?*
Vos sœurs aurontelles une maison ?	*Will your sisters have a house ?*
Aurais-je une chambre ?	*Would I have a room ?*
Aurais-tu un château ?	*Wouldst thou have a seat ?*
Aurait-elle un jardin ?	*Would she have a garden ?*
Aurions-nous une muraille ?	*Should we have a wall ?*
Auriez-vous des fleurs ?	*Would you have flowers ?*
Auraient-ils des arbres ?	*Would they have trees ?*

VOCABULARY.	VOCABULAIRE.
m. Un habit.	*A coat.*
f. Une veste.	*A waistcoat.*

m.	Des bas.	*Stockings*
m.	Des souliers.	*Shoes.*
m.	Un chapeau.	*A hat.*
f.	Une chemise.	*A shirt, a shift.*
m.	Du linge.	*Linen.*
f.	De la toile.	*Cloth.*
f.	De la dentelle.	*Lace.*
m.	Un mouchoir.	*A handkerchief.*
f.	Des boucles.	*Buckles.*
m.	Des gants.	*Gloves.*
m.	Un peigne.	*A comb.*
f.	Une montre.	*A watch.*
f.	Une tabatière	*A snuff-box.*
f.	Des bottes.	*Boots.*
f.	Une table.	*A table.*
f.	Une chaise.	*A chair.*
m.	Un schall.	*A shawl.*
m.	Un fauteuil.	*An arm-chair.*
m.	Un carrosse.	*A coach.*
m	Un lit.	*A bed.*
m.	Du velours.	*Velvet.*
m.	Du drap.	*Cloth.*
f.	Une épée.	*A sword.*
m.	Un sabre.	*A broadsword.*
f.	Une épingle.	*A pin.*
m.	Un bonnet.	*A cap.*
f.	Une bourse.	*A purse.*
f.	Des lunettes.	*Spectacles.*
m.	Un rasoir.	*A razor.*

The verb AVOIR *conjugated negatively.*	Le verbe TO HAVE conjugué négativement.
Je n'ai point d'habit.	*I have no coat.*
Tu n'as pas de veste.	*Thou hast no waistcoat.*
Il n'a point de bas.	*He has no stockings.*
Nous n'avons pas de souliers.	*We have no shoes.*
Vous n'avez pas de chapeau.	*You have no hat.*
Ils n'ont pas de chemise.	*They have no shirts.*
Elles n'ont pas de chemise.	*They have no shifts.*
Je n'avais pas de linge.	*I had no linen.*
Tu n'avais pas de toile.	*Thou hadst no cloth.*
Elle n'avait point de dentelle.	*She had no lace.*
Nous n'avions point de mouchoirs.	*We had no handkerchiefs.*
Vous n'aviez point de boucles.	*You had no buckles.*
Ils n'avaient pas de gants.	*They had no gloves.*
Je n'eus pas de peigne.	*I had no comb.*

Tu n'eus pas de montre.	*Thou hadst no watch.*
Il n'eut point de tabatière.	*He had no snuff-box.*
Nous n'eûmes point de bottes.	*We had no boots.*
Vous n'eûtes pas de table.	*You had no table.*
Ils n'eurent pas de chaises.	*They had no chairs.*
Elles n'eurent point de schalls.	*They had no shawls.*
Je n'aurai pas de fauteuil.	*I shall have no arm-chair.*
Tu n'auras pas de carrosse.	*Thou wilt have no coach.*
Il n'aura pas de lit.	*He will have no bed.*
Nous n'aurons pas de velours.	*We shall have no velvet.*
Vous n'aurez pas de drap.	*You will have no cloth.*
Ils n'auront pas d'épée.	*They will have no sword.*
Je n'aurais pas de sabre.	*I should have no broad-sword.*
Tu n'aurais pas d'épingle.	*Thou wouldst have no pin.*
Elle n'aurait pas de bonnet.	*She would have no cap.*

Nous n'aurions pas de bourse.	*We would have no purse.*
Vous n'auriez pas de lunettes.	*You would have no spectacles.*
Ils n'auraient pas de rasoirs.	*They would have no razors.*

VOCABULARY.	VOCABULARY.
f. Une robe.	*A gown.*
f. Une jupe.	*A petticoat.*
m. Un tablier.	*An apron.*
f. De la laine.	*Some worsted.*
f. De la soie.	*Silk.*
m. Du coton.	*Cotton.*
m. Du fil.	*Thread.*
f. Une aiguille.	*A needle.*
m. Un dé.	*A thimble.*
m. Des ciseaux.	*Scissars.*
m. Du ruban.	*Some ribbon.*
f. De la mousseline.	*Muslin.*

Que je n'aie pas de robe.	*That I may have no gown.*
Que tu n'aies pas de jupe.	*That thou mayest have no petticoat.*
Qu'elle n'ait pas de tablier.	*That she may have no apron.*
Que nous n'ayons pas de laine.	*That we may have no worsted.*

Que vous n'ayez pas de soie.	*That you may have no silk.*
Qu'elles n'aient pas de coton.	*That they may have no cotton.*
Que je n'eusse pas de fil.	*That I might have no thread.*
Que tu n'eusses pas d'aiguille.	*That thou mightest have no needle.*
Qu'elle n'eût pas de dé.	*That she might have no thimble.*
Que nous n'eussions pas de ciseaux.	*That we might have no scissars.*
Que vous n'eussiez pas de ruban.	*That you might have no ribbon.*
Qu'elles n'eussent pas de mousseline.	*That they might have no muslin.*

VOCABULARY.	VOCABULAIRE.
m. Un cheval.	*A horse.*
m. Un chien.	*A dog.*
m. Un singe.	*A monkey.*
m. Un chat.	*A cat.*
f. Une jument.	*A mare.*
f. Une vache.	*A cow.*
f. Une chèvre.	*A goat.*
f. Une salle.	*A parlour.*
f. Une récompense.	*A reward.*
m. Du plaisir	*Pleasure.*

f.	De la reconnaissance.	*Gratitude.*
f.	La fièvre.	*A fever.*
f.	De la poudre.	*Some powder.*
m.	Beau temps.	*Fine weather.*
f.	De la pluie.	*Some rain.*
m.	Un tapis.	*A carpet.*
m.	Un bateau.	*A boat.*
m.	Congé.	*A holy-day.*
m.	Un concert.	*A concert.*
f.	Une maladie.	*An illness.*
m.	Un oiseau.	*A bird.*
m.	De l'appétit.	*An appetite.*
m.	Le courage.	*The courage.*
m.	Du chagrin.	*Grief.*
m.	Le malheur.	*The misfortune.*
f.	La hardiesse.	*The boldness.*
m.	Des parens.	*Relations.*
m.	Le bonheur.	*The happiness.*
m.	Un ami.	*A friend.*
m.	Un ennemi.	*An enemy.*

The verb AVOIR *conjugated both negatively and interrogatively.*	Le verbe *TO HAVE* conjugué négativement et interrogativement.
N'ai-je pas un cheval ?	*Have I not a horse ?*
N'as-tu pas un chien ?	*Hast thou not a dog?*
N'a-t-il pas un singe ?	*Has he not a monkey ?*

N'avons-nous pas un chat?	*Have we not a cat?*
N'avez-vous pas une jument?	*Have you not a mare?*
N'ont-ils pas des vaches?	*Have they not some cows?*
N'avais-je pas une chèvre.	*Had I not a goat?*
N'avais-tu pas une salle?	*Hadst thou not a parlour?*
N'avait-il pas un tapis?	*Had he not á carpet?*
N'avions-nous pas congé?	*Had we not a holyday?*
N'aviez-vous pas un bateau?	*Had you not a boat?*
N'avaient-ils pas un concert?	*Had they not a concert?*
N'eus-je pas une maladie?	*Had I not an illness?*
N'eus-tu pas un oiseau?	*Hadst thou not a bird?*
N'eut-il pas d'appétit?	*Had he no appetite?*
N'eûmes-nous pas de récompense?	*Had we no reward?*
N'eûtes-vous pas du plaisir?	*Had you no pleasure?*
N'eurent-ils pas de reconnaissance?	*Had they no gratitude?*

N'aurai-je pas la fièvre ?	*Shall I not have a fever?*
N'auras-tu pas de poudre ?	*Wilt thou have no powder?*
N'aura-t-il pas beau temps ?	*Will he not have fine weather?*
N'aurons-nous pas de pluie ?	*Shall we not have some rain?*
N'aurez-vous pas le courage ?	*Will you not have the courage?*
N'auront-ils pas de chagrin ?	*Will they have no grief?*
N'aurais-je pas le malheur ?	*Might I not have the misfortune?*
N'aurais-tu pas la hardiesse ?	*Wouldst thou not have the boldness?*
N'aurait-il pas des parens ?	*Would he not have relations?*
N'aurions-nous pas le bonheur ?	*Could we not have the happiness?*
N'auriez-vous pas un ami ?	*Would you not have a friend?*
N'auraient-ils pas des ennemis ?	*Would they not have some enemies?*

VOCABULARY.	VOCABULAIRE.
Bien aise.	*Very glad.*
Paresseux, se.	*Idle.*
Curieux, se.	*Inquisitive.*

Généreux, se.	*Generous.*
Adroit, e.	*Dexterous.*
Heureux, se.	*Happy.*
Malheureux, se.	*Unhappy.*
Occupé, e.	*Busy.*
Fatigué, e.	*Tired.*
Couché, e.	*In bed, lying down.*
Fermé, e.	*Shut.*
Pauvre.	*Poor.*
Obéissant, e.	*Obedient.*
Fâché, e.	*Sorry, angry.*
Surpris, e.	*Surprised.*
Tranquille.	*Quiet.*
Blessé, e.	*Wounded.*
Avide.	*Greedy.*
Prêt, e.	*Ready.*
Savant, e.	*Learned.*
Bossu, e.	*Hump-backed.*
Joyeux, se.	*Glad, merry.*
Riche.	*Rich.*
Foible.	*Weak.*
Téméraire.	*Rash.*
Imprudent, e.	*Imprudent.*
Inutile.	*Useless.*
Barbare.	*Barbarous.*
Coupable.	*Guilty.*
Méchant, e.	*Wicked.*

The verb ÊTRE *conjugated with the preceding adjectives.*	Le verbe *TO BE* conjugué avec les adjectifs ci-devant.
Je suis bien aise.	*I am very glad.*
Tu es paresseux, se.	*Thou art idle.*
Elle est curieuse.	*She is inquisitive.*
Il est généreux.	*He is generous.*
Il est adroit.	*He is dexterous.*
Nous sommes heureux, ses.	*We are happy.*
Vous êtes malheureux, ses.	*You are unhappy.*
Ils sont occupés.	*They are busy.*
J'étais fatigué, e.	*I was tired.*
Tu étais couché, e.	*Thou wast in bed, lying down.*
Sa fenêtre était fermée.	*His window was shut.*
Nous étions pauvres.	*We were poor.*
Vous étiez obéissans.	*You were obedient.*
Ils étaient fâchés.	*They were sorry, angry.*
Je fus surpris, e	*I was surprised.*
Tu fus tranquille.	*Thou wast quiet.*
Son cheval fut blessé.	*His horse was wounded.*
Ils furent avides.	*They were greedy.*

Je serai prêt, e.	*I shall be ready.*
Tu seras savant, e	*Thou wilt be learned.*
Il sera bossu.	*He will be humpbacked.*
Nous serons joyeux, ses.	*We shall be merry.*
Vous serez riches.	*You will be rich.*
Ils seront foibles.	*They will be weak.*

Je serais téméraire.	*I should be rash.*
Tu serais imprudent, e.	*Thou wouldst be imprudent.*
Cela serait inutile.	*That would be useless.*
Nous serions barbares.	*We would be barbarous.*
Vous seriez coupables.	*You would be guilty.*
Ils seraient méchans.	*They would be wicked.*

VOCABULARY.	VOCABULAIRE.
Honnête.	*Honest.*
Poli, e.	*Polite.*
Juste.	*Just.*
Sage.	*Wise.*
Fidèle.	*Faithful.*
Fort, e.	*Strong.*
Innocent, e.	*Innocent.*
Muet, te.	*Dumb.*
Habile.	*Skilful.*
Apprivoisé, e.	*Tame.*

Grand, e.	*Tall.*
Petit, e.	*Short, small.*
Égal, e.	*Equal.*
Hardi, e.	*Bold.*
Orgueilleux, se.	*Proud.*
Aveugle	*Blind.*
Jeune.	*Young.*
Sois honnête.	*Be honest.*
Qu'il soit poli.	*Let him be polite.*
Soyons justes.	*Let us be just.*
Soyez sages.	*Be wise.*
Qu'ils soient fidèles.	*Let them be faithful.*
Que je sois fort, e.	*That I may be strong.*
Que tu sois innocent, e.	*That thou mayest be innocent.*
Qu'elle soit muette.	*That she may be dumb.*
Que nous soyons habiles.	*That we may be skilful.*
Que vous soyez hardis, es.	*That you may be bold.*
Qu'elles soient orgueilleuses.	*That they may be proud.*
Que je fusse aveugle.	*That I might be blind.*
Que tu fusses jeune.	*That thou mightest be young.*
Que son oiseau fût apprivoisé.	*That his bird might be tame.*
Que nous fussions plus grands, des.	*That we might be taller.*

Que vous fussiez plus petits, tes.	*That you might be shorter.*
Qu'ils fussent égaux.	*That they might be equal.*

VOCABULARY.	VOCABULAIRE.
Sourd, e.	*Deaf.*
Diligent, e.	*Diligent.*
Bleu, e.	*Blue.*
Gai, e.	*Merry.*
Triste.	*Sad.*
Studieux, se.	*Studious.*
Discret, te.	*Discreet.*
Ingrat, e.	*Ungrateful.*
Honteux, se.	*Ashamed.*
Malade.	*Sick.*
Mouillé, e.	*Wet.*
Etonné, e.	*Astonished.*
Digne.	*Worthy.*
Illustre.	*Illustrious.*
Entêté, e.	*Obstinate.*
Modeste.	*Modest.*
Excusable.	*Excusable.*
Prodigue.	*Lavish.*
Estropié, e.	*Lame.*
Chanceux, se.	*Lucky.*
Plein, e.	*Full.*
Impoli, e.	*Unpolite.*
Franc, che.	*Frank.*
Etroit, e.	*Narrow.*

Content, e.	*Satisfied.*
Fâché, e.	*Cross, angry.*
Large.	*Wide.*
Aimable.	*Amiable.*
Ridicule.	*Ridiculous.*
Pesant.	*Heavy.*

The verb ÊTRE *conjugated both negatively and interrogatively.*	Le verbe *TO BE* conjugué négativement et interrogativement.
Je ne suis pas sourd.	*I am not deaf.*
Es-tu diligent?	*Art thou diligent?*
Votre habit n'est-il pas bleu?	*Is not your coat blue.*
Nous ne sommes pas gais.	*We are not merry.*
N'êtes-vous pas tristes?	*Are you not sad?*
Ils ne sont pas très-modestes.	*They are not very modest.*
N'étais-je pas excusable?	*Was I not excusable?*
N'étais-tu pas prodigue?	*Wast thou not lavish?*
Etait-il estropié?	*Was he lame?*
Nous n'étions pas chanceux, ses.	*We were not lucky.*
Etiez-vous studieux, ses?	*Were you studious?*

N'étaient-ils pas discrets?	*Were they not discreet?*
Fus-je ingrat?	*Was I ungrateful?*
Ne fus-tu pas honteux, se?	*Wast thou not ashamed?*
Il ne fut pas malade.	*He was not sick.*
Nous ne fûmes pas mouillés.	*We were not wet.*
Fûtes-vous étonnés?	*Were you astonished?*
Ne furent-ils pas dignes?	*Were they not worthy?*
Serai-je illustre?	*Shall I be illustrious?*
Ne seras-tu pas entêté?	*Wilt thou not be obstinate?*
La bouteille ne sera pas pleine.	*The bottle will not be full.*
Nous ne serons pas si impolis.	*We will not be so unpolite.*
Serez-vous francs?	*Will you be frank?*
Les manches ne seront-elles pas trop étroites?	*Will not the sleeves be too narrow?*
Je ne serais pas content.	*I should not be satisfied.*
Serais-tu fâché?	*Wouldst thou be cross?*
La chambre ne serait-elle pas assez large?	*Would not the room be wide enough?*

Serions-nous aimables ?	*Should we be amiable?*
Ne seriez-vous pas ridicules ?	*Would you not be ridiculous?*
Ne seraient-ils pas trop pesans ?	*Would they not be too heavy?*

VOCABULARY.	VOCABULAIRE.
Aimer.	*To love, to like.*
Abandonner.	*To forsake.*
Aboyer.	*To bark.*
Achever.	*To finish.*
Acheter.	*To buy.*
Appeler.	*To call.*
Apporter.	*To bring.*
Allumer.	*To light.*
Arracher.	*To pull, to pluck.*
Arroser.	*To water.*
Attacher.	*To tie.*
Apprêter.	*To dress, to get ready.*
Assurer.	*To assure.*
Avouer.	*To confess.*
Baptiser.	*To christen.*
Balayer.	*To sweep.*
Blâmer.	*To blame.*
Blesser.	*To hurt.*
Boucher.	*To stop.*
Boutonner.	*To button up.*
Brasser.	*To brew.*

Broyer.	*To grind, to bruise.*
Broder.	*To embroider.*
Brûler.	*To burn.*

The above Verbs conjugated.	Conjugaison des Verbes ci-dessus.
J'aime le fruit.	*I like fruit.*
Tu abandonnes tes amis.	*Thou forsakest thy friends.*
Le chien n'aboie pas.	*The dog does not bark.*
Nous achevons notre ouvrage.	*We are finishing our work.*
N'achetez-vous pas du poisson?	*Do you not buy fish?*
Apellent-ils?	*Do they call?*
J'apportais le dîné.	*I was bringing (in) the dinner*
Tu allumais la chandelle.	*Thou wast lighting the candle.*
N'arrachait-il pas les fleurs?	*Was he not plucking the flowers?*
Nous arrosions le jardin.	*We were watering the garden.*
N'attachiez-vous pas une corde?	*Were you not tying a string?*
Ils apprêtaient le dîné.	*They were dressing the dinner.*
J'assurai votre frère.	*I assured your brother.*

Tu avouas ta faute.	*Thou confessedst thy fault.*
Il ne baptisa pas l'enfant.	*He did not christen the child.*
Nous balayâmes la cuisine.	*We swept the kitchen.*
Ne blamâtes-vous pas sa conduite?	*Did you not blame his conduct?*
Ne se blessèrent-ils pas?	*Did they not hurt themselves?*
Je boucherai le trou.	*I will stop the hole.*
Ne boutonneras-tu pas ta veste?	*Wilt thou not button up thy waistcoat?*
Il brassera de la bière.	*He will brew some beer.*
Nous broierons les drogues.	*We will bruise the drugs.*
Broderez-vous votre robe?	*Will you embroider your gown?*
Ne brûleront-ils pas tout le bois?	*Will they not burn all the wood?*

VOCABULARY.	VOCABULAIRE.
Brosser.	*To brush.*
Brider.	*To bridle.*
Briser.	*To break.*
Cacher.	*To hide.*
Casser.	*To break.*

Changer.	*To change.*
Charger.	*To load.*
Chauffer.	*To warm.*
Cacheter.	*To seal up.*
Chercher.	*To look for.*
Châtier.	*To chastise.*
Commencer.	*To begin.*
Chanter.	*To sing.*
Couper.	*To cut.*
Déchirer.	*To tear.*
Déshonorer.	*To disgrace.*
Deviner.	*To guess.*
Se dépêcher.	*To make haste.*
Déjeûner.	*To breakfast.*
Ecouter.	*To listen to.*
Emprunter.	*To borrow.*
Eternuer.	*To sneeze.*

Je brosserais mon habit.	*I would brush my coat.*
Tu briderais ton cheval.	*Thou wouldst bridle thy horse.*
Il briserait la porte.	*He would break the door.*
Nous cacherions notre argent.	*We would hide our money.*
Vous casseriez le verre.	*You would break the glass.*
Ils changeraient de logement.	*They would change their lodgings.*

Qu'il charge la charrette.	*Let him load the cart.*
Chauffons les draps.	*Let us warm the sheets.*
Cachetez votre lettre.	*Seal up your letter.*
Qu'ils cherchent une maison.	*Let them look for a house.*
Que je châtie les coupables.	*That I may chastise the guilty.*
Que tu commences ton thême.	*That thou mayest begin thy exercise.*
Qu'elle chante une chanson.	*That she may sing a song.*
Que nous coupions la viande.	*That we may eat the meat.*
Que vous ne déchiriez pas votre habit.	*That you may not tear your coat.*
Qu'ils ne déshonorent pas leur famille.	*That they may not disgrace their family.*
Que je devinasse l'énigme.	*That I might guess the riddle.*
Que tu te dépêchasses.	*That thou mightest make haste.*
Qu'il ne déjeûnât pas.	*That he might not breakfast.*
Que nous ne l'écoutassions pas.	*That we might not listen to him.*
Que vous n'empruntassiez pas d'argent.	*That you might not borrow money.*

Qu'ils n'éternuassent point.	*That they might not sneeze.*

VOCABULARY.	VOCABULAIRE.
Etudier.	*To study.*
Frapper.	*To strike.*
Frire.	*To fry.*
Frotter	*To rub.*
Gâter.	*To spoil.*
Habiller.	*To dress.*
Jeter.	*To throw away.*
Inviter.	*To invite.*
Imprimer.	*To print.*
Labourer.	*To plough.*
Laver.	*To wash.*
Manger.	*To eat.*
Mêler.	*To mix*
Meubler.	*To furnish.*
Nager.	*To swim.*
Nettoyer.	*To clean.*
Oter.	*To take off.*
Oublier.	*To forget.*
Payer.	*To pay.*
Prêter.	*To lend.*
Prier.	*To pray.*
Parler.	*To speak.*
Quitter.	*To leave.*
Récompenser.	*To reward.*
Remercier.	*To thank.*

Secouer.	*To shake off.*
Saler.	*To salt.*
Tuer.	*To kill.*
Voler.	*To rob.*
J'ai étudié ma leçon.	*I have studied my lesson.*
N'as-tu point frappé le chien?	*Hast thou not struck the dog?*
A-t-elle frit le poisson?	*Has she fried the fish?*
Nous avons frotté les chaises.	*We have rubbed the chairs.*
N'avez-vous point gâté votre habit?	*Have you not spoiled your coat?*
Ils n'ont pas habillé les enfans.	*They have not dressed the children.*
J'avais jeté les restes.	*I had thrown the remains away.*
N'avais-tu pas invité mon cousin?	*Hadst thou not invited my cousin?*
Avait-il imprimé son ouvrage?	*Had he printed his work?*
Nous avions labouré le champ.	*We had ploughed the field*
Vous n'aviez pas lavé vos mains.	*You had not washed your hands.*
N'avaient-ils pas mangé le fruit?	*Had they not eaten the fruit?*

Quand j'eus mêlé les drogues.	*When I had mixed the drugs.*
Quand il eut meublé sa maison.	*When he had furnished his house.*
Quand nous eûmes nagé.	*When we had swam.*
Ils n'eurent pas nettoyé les tableaux.	*They had not cleaned the paintings.*
Quand j'aurai ôté mon habit.	*When I (shall) have taken off my coat.*
N'auras-tu pas oublié ta leçon?	*Wilt thou not have forgotten thy lesson?*
Il aura payé une guinée.	*He will have paid one guinea.*
Quand nous aurons prêté l'argent.	*When we (shall) have lent the money.*
J'aurais prié Dieu.	*I would have prayed God.*
N'aurait-il pas parlé français?	*Would he not have spoken French?*
Aurions-nous quitté la maison?	*Should we have left the house?*
N'auraient-ils pas récompensé les diligens?	*Would they not have rewarded the diligent?*
Que nous ayons remercié Dieu.	*That we may have thanked God.*
Qu'ils eussent secoué la poussière.	*That they might have shaken off the dust.*

La viande est salée.	*The meat is salted.*
Son frère a été tué.	*His brother has been killed.*
Nous aurions été volés.	*We should have been robbed.*

VOCABULARY.	VOCABULAIRE.
Abolir.	*To abolish.*
Accomplir.	*To fulfil.*
Accourcir.	*To shorten.*
Adoucir.	*To make milder.*
Affaiblir.	*To weaken.*
Agir.	*To act.*
Applaudir.	*To praise.*
Avertir.	*To warn.*
Bâtir.	*To build.*
Démolir.	*To demolish.*
Blanchir.	*To wash.*
Choisir.	*To choose.*
Désobéir.	*To disobey.*
Eblouir.	*To dazzle.*
Emplir.	*To fill.*
Embellir.	*To embellish.*
Enfouir.	*To bury.*
Enrichir.	*To enrich.*
Etourdir.	*To stun.*
Finir.	*To finish.*
Fleurir.	*To blow.*
Frémir.	*To shudder.*

Guérir.	*To cure.*
Jouir de.	*To enjoy.*
Maigrir.	*To grow lean.*
Mûrir.	*To grow ripe.*
Noircir.	*To blacken.*
Nourrir.	*To feed.*
Pâlir.	*To turn pale.*
Pourrir.	*To rot.*
Punir.	*To punish.*
Rafraîchir.	*To refresh.*
Remplir.	*To fill up.*
Réussir.	*To succeed.*
Saisir.	*To seize.*
Ternir.	*To tarnish.*
Trahir.	*To betray.*
Vieillir.	*To grow old.*

The above Verbs exemplified.	Exemples des Verbes ci-dessus.
La loi a été abolie.	*The law has been abolished.*
J'accomplirai ma promesse.	*I will fulfil my promise.*
N'avez-vous point accourci la planche?	*Have you not shortened the board?*
La pluie adoucira le temps.	*The rain will make the weather milder.*
Cette maladie m'affaiblit beaucoup.	*This illness weakens me very much.*
Il a agi prudemment.	*He has acted prudently.*

Il est applaudi de tout le monde.	*He is praised by every body.*
Avertissez-en votre frère.	*Warn your brother of it.*
Il bâtissait sa maison.	*He was building his house.*
Je démolissais la mienne.	*I was demolishing mine.*
Votre linge est-il blanchi ?	*Is your linen washed?*
Choisissez une de ces pommes.	*Choose one of these apples.*
Ne me désobéissez pas.	*Do not disobey me.*
Le soleil m'éblouit.	*The sun dazzles me.*
Vous n'avez pas empli le pot.	*You have not filled up the pot.*
Votre maison est bien embellie.	*Your house is greatly embellished.*
Il a enfoui son argent.	*He has buried his money.*
Cette affaire vous aurait enrichi.	*This affair woul have enriched you.*
Vous m'étourdissez la tête.	*You stun my head.*
Quand aurez-vous fini votre thême ?	*When will you have finished your exercise?*
Voyez comme les arbres fleurissent !	*See how the trees blow!*
Vous me faites frémir.	*You make me shudder.*

Les médecins ne le guériront jamais.	*The doctors will never cure him.*
Ne jouissait-il pas de son bien?	*Did he not enjoy his fortune?*
Votre père est bien maigri.	*Your father has grown very thin.*
Que je noircisse mes souliers.	*That I might blacken my shoes.*
Comment nourrissez-vous vos lapins?	*How do you feed your rabbits?*
Il pâlit à la vue du fusil.	*He turned pale at the sight of the gun.*
Ce fruit commence à pourrir.	*This fruit begins to rot.*
Ne le puniriez-vous pas aussi?	*Would you not punish him likewise?*
Nous nous rafraîchîmes dans le bois.	*We refreshed ourselves in the wood.*
Pourquoi ne remplissez-vous pas les verres?	*Why do you not fill the glasses?*
Saisissons l'occasion.	*Let us seize the opportunity.*
La fumée ne ternira-t-elle pas ces tableaux?	*Will not the smoke tarnish these pictures?*
Il vous aurait trahi.	*He would have betrayed you.*
Sa mère vieillit beaucoup.	*His mother grows very old.*

VOCABULARY.	VOCABULAIRE.
Apercevoir.	*To discover, to perceive.*
Entendre.	*To understand, to hear.*
Traduire.	*To translate.*
Peindre.	*To paint.*
Devoir.	*To owe.*
Descendre.	*To come down.*
Reluire.	*To glitter.*
Recevoir.	*To receive.*
Attendre.	*To wait for.*
Détruire.	*To destroy.*
Atteindre.	*To overtake.*
Vendre.	*To sell.*
Répondre.	*To answer.*
Cuire.	*To bake.*
Craindre.	*To fear.*
Réduire.	*To reduce.*
Plaindre.	*To pity.*
Concevoir	*To conceive.*
Feindre.	*To pretend.*
Repeindre.	*To paint again.*
Fendre.	*To cleave.*
Joindre.	*To join.*

The above Verbs exemplified.	Exemples des Verbes ci-dessus.
J'aperçois un vaisseau.	*I discover a ship.*

Il n'entend pas le français.	*He does not understand French.*
Je ne vous entendais pas.	*I did not hear you.*
Ne traduisez-vous pas des fables?	*Do you not translate fables?*
Vos sœurs peignent très-bien.	*Your sisters paint very well.*
Je devais de l'argent à votre père.	*I owed some money to your father.*
Ne descendiez-vous pas?	*Were you not coming down?*
L'or et l'argent reluisaient partout.	*Gold and silver glittered every where.*
Je reçus une lettre samedi dernier.	*I received a letter last Saturday.*
Attendit-il la réponse?	*Did he wait for an answer?*
Nous détruisîmes toutes les fortifications.	*We destroyed all the fortifications.*
N'atteignîtes-vous pas le carrosse?	*Did you not overtake the coach?*
Ils n'aperçurent rien.	*They perceived nothing.*
Vendrai-je mon cheval?	*Shall I sell my horse?*
Il ne vous répondra pas.	*He will not answer you.*
Ne cuirez-vous pas demain?	*Will you not bake to-morrow?*

Ne craindront-ils pas leur maître?	*Will they not fear their master?*
Je n'attendrais personne.	*I would not wait for any body.*
Il les réduirait bientôt.	*He would soon reduce them.*
Pourquoi plaindrions-nous son sort?	*Why should we pity his lot?*
Ils ne concevraient jamais cela.	*They would never conceive that.*
Feignons de ne pas les entendre.	*Let us pretend not to hear them.*
Traduisez cela en anglais.	*Translate that into English.*
Attendez votre frère.	*Wait for your brother.*
Recevez cet argent pour moi.	*Receive that money for me.*
Que je lui doive des remercîmens.	*That I may owe him thanks.*
Qu'il fende l'arbre.	*That he may cleave the tree.*
Que nous détruisions leurs ouvrages.	*That we may destroy their works.*
Qu'ils ne craignent pas Dieu.	*That they may not fear God.*
Que je ne reçusse pas ses lettres.	*That I might not receive his letters.*
Qu'il ne vendît pas ses chevaux.	*That he might not sell his horses.*
Que nous traduisissions du français.	*That we might translate some French.*

Que vous joignissiez l'armée. *That you might join the army.*

Qu'ils descendissent pour déjeûner. *That they might come down to breakfast.*

Avez-vous reçu vos livres? *Have you received your books?*

N'avez-vous pas traduit votre fable? *Have you not translated your fable?*

Pourquoi ne m'avez-vous pas répondu? *Why have you not answered me?*

Avez-vous repeint votre chambre? *Have you painted your room again?*

PART I.

PHRASES ÉLÉMENTAIRES.

ELEMENTARY PHRASES.

MEETING. *RENCONTRE.*

Bon jour, Monsieur. *Good morning, Sir.*

Monsieur, je vous souhaite le bon jour. *Sir, good morning to you.*

J'ai l'honneur de vous souhaiter le bon jour. *I have the honour to wish you a good day.*

Comment vous portez-vous aujourd'hui? *How do you do to-day?*

J'espère que vous êtes en bonne santé.	*I hope you are in good health, I hope I see you well.*
Je me porte fort bien.	*I am very well.*
Prêt à vous rendre mes devoirs.	*Ready to pay my duty to you.*
A vous rendre mes très-humbles devoirs.	*Ready to render you my most humble duty.*
Très-bien, Dieu merci.	*Very well, thank God.*
Comment se porte Monsieur votre père ?	*How does your father do?*
Il se porte très-bien, Monsieur.	*He is very well, Sir.*
Comment se porte toute la famille ?	*How does all the family do?*
Comment se porte-t-on chez vous ?	*How do they all do at home?*

Et madame votre mère ?	*And how is your mother?*
Ma mère se porte un peu mieux aujourd'hui.	*My mother is a little better to day.*
Elle se porte beaucoup mieux.	*She is a good deal better.*
Elle se porte assez bien.	*She is pretty well.*

Elle se porte passablement bien.	*She is tolerably well.*
Elle se porte comme cela.	*She is middling.*
Elle se porte tout doucement.	*She is but indifferently well.*
Elle ne se porte pas très-bien—Elle ne se porte pas trop bien.	*She is not very well—She is rather unwell.*
Elle ne se porte pas des mieux, (vulg.)	*She is poorly—She is rather poorly.*
Elle ne se porte pas bien.	*She is not well.*
Elle est indisposée.	*She is indisposed.*
Elle est malade.	*She is ill.*
Elle est bien malade.	*She is very ill.*
Elle est dangereusement malade.	*She is dangerously ill*
Elle se porte très-mal—Elle est bien mal.	*She is extremely ill—She is very bad indeed.*
Elle est très-bas.	*She is very low.*
Elle s'en va.	*She is going.*
Elle est mourante—Elle se meurt.	*She is dying.*

Qu'a-t-elle?—Qu'est-ce qu'elle a?	*What ails her?—What is the matter with her?*

Elle est enrhumée.	*She has got a cold.*
Elle a un gros rhume —Elle est fort enrhumée.	*She has got a great cold.*
Elle a la fièvre.	*She has a fever.*
J'en suis bien fâché.	*I am very sorry to hear it?*
Depuis quand est-elle malade?	*How long has she been ill?*
Depuis quand est-elle incommodée?	*How long has she been unwell.*
Je ne savais pas qu'elle fût malade.	*I did not know that she was ill.*
Quel est son mal?	*What is her complaint?*
Quelle est sa maladie?	*What is her illness?*
Prend-elle quelque chose?	*Does she take any thing for it.*
Voit-elle quelqu'un?	*Does any body attend her?*
Le médecin vient la voir tous les jours.	*The doctor attends her every day.*
J'espère que cela ne sera rien.	*I hope it will be nothing.*
Il faut espérer que cela n'aura pas de suites.	*It is to be hoped that it will have no bad consequence.*
Nous l'espérons.	*We hope so.*
Le médecin assure	*The doctor says that*

que cela ne sera rien.	*it will not be of any consequence.*
Tant mieux.	*So much the better.*
J'en suis bien aise.	*I am very glad of it.*
Mademoiselle votre sœur est-elle toujours malade?	*Is your sister unwell?*
Est-elle encore incommodée?	*Is she still indisposed?*
Elle n'est pas encore entièrement guérie.	*She is not quite well yet.*
Mais elle se porte beaucoup mieux.	*But she is a great deal better.*
J'en suis bien charmé.	*I am very happy to hear it.*

PARTING.	DÉPART.
Il faut que je m'en aille.	*I must go.*
Il faut que je vous quitte.	*I must leave you.*
Il faut nous quitter—Il faut nous séparer.	*We must part—We must leave each other.*
Il faut que je prenne congé de vous.	*I must take my leave of you.*
Je vais prendre congé de vous.	*I am going to take my leave of you.*

Jusqu'à l'honneur de vous revoir.	*Till I have the honour of seeing you again.*
Jusqu'au plaisir de vous revoir.	*Till I have the pleasure of seeing you again.*
Au plaisir.	*Good bye.*
Tout à vous.	*I am yours, with all my heart.*
Adieu.	*Farewell—Adieu.*
Jusqu'au revoir.	*Till I see you again.*
Sans adieu—Je ne vous dis pas adieu.	*To our next meeting.*
Votre serviteur—— Votre servante.	*Your servant.*
Votre très-humble.	*Your humble servant.*
Je suis le vôtre.	*I am yours.*
Je suis bien votre serviteur.	*I am your servant.*
Bon jour.	*Good morning.*
Vous portez - vous bien ?	*Are you well?*
Je vous souhaite le bon jour.	*I wish you good morning.*
Bon soir——Bonne nuit.	*Good evening—Good night.*
Je vous souhaite le bon soir.	*I wish you good evening.*
La bonne nuit.	*Good night.*
Je vous souhaite une bonne nuit.	*I wish you good night.*

Saluez M. votre frère de ma part.	*My compliments to your brother.*
Faites mes amitiés à mademoiselle votre sœur.	*Give my regard to your sister.*
Présentez mon respect à madame votre mère.	*Present my respects to your mother.*
Présentez mes devoirs à madame votre tante.	*Present my duty to your aunt.*
Ne m'oubliez pas auprès de madame votre épouse.	*Give my kind regard to your lady.*
Dites bien des choses pour moi à madame votre nièce.	*Remind me most kindly to your niece.*
Faites mes complimens chez vous.	*Remember me to all at home.*
Je n'y manquerai pas.	*I will, I will not fail.*

ASKING AND THANKING. — DEMANDER ET REMERCIER.

Avec votre permission.	*By your leave.*
Voulez-vous bien me permettre de . . . ?	*Will you give me leave to . . . ?*
Je vous prie—De grâce.	*Pray.*

Faites-moi le plaisir de . . .	*Do me the favour to. .*
Voulez-vous avoir la bonté de . . . ?	*Will you have the goodness to . . . ?*
Voulez-vous bien avoir la bonté de . . . ?	*Will you be so kind as to . . . ?*
Voudriez-vous bien avoir la bonté de . . . ?	*Will you be kind enough to . . . ?*
J'ai une grâce à vous demander.	*I have a favour to ask you.*
J'aurais une prière à vous faire.	*I should have a favour to ask you.*
J'ai une prière à vous faire.	*I have a favour to beg of you.*
Puis-je vous demander une grâce ?	*May I beg a favour of you ?*
Faites-moi un plaisir.	*Do me a favour.*
Voulez-vous me faire un plaisir ?	*Will you do me a favour ?*
Voulez-vous me rendre un service ?	*Will you render me a service ?*
Vous pouvez me rendre un grand service.	*You can render me a great service.*
Vous pourriez me rendre un très-grand service.	*You could render me a very great service.*

Je vous suis bien obligé.	*I am much obliged to you.*
Je vous suis infiniment obligé.	*I am very much obliged to you.*
Je vous suis bien redevable.	*I am greatly indebted to you.*
Je vous suis extrêmement redevable.	*I am extremely indebted to you.*
Je vous remercie infiniment—Je vous remercie très-humblement.	*I thank you most kindly--I thank you most respectfully.*
En vous remerciant.	*I thank you.*
Merci, (vulg.)	*Thank ye.*
Je vous serai bien obligé.	*I shall be much obliged to you.*
Il n'y a pas de quoi.	*It is not worth mentioning.*
Vous me rendrez un grand service.	*You will do me a great service.*
Vous vous moquez.	*You jest.*

Je vous donne bien de la peine.	*I give you much trouble.*
Je vous donne trop de peine.	*I give you too much trouble.*
Vous prenez bien de la peine.	*You take a great deal of trouble.*
Vous vous donnez bien de la peine.	*You give yourself a great deal of trouble.*

Je suis fâché de vous donner tant de peine.	*I am sorry to trouble you so much.*
Je suis honteux de la peine que je vous donne.	*I am ashamed of the trouble I give you.*
La peine n'est rien.	*No trouble at all.*
Cela ne vaut pas la peine d'en parler.	*I beg you would not mention it.*
Ne parlez pas de cela.	*Don't mention that.*
Vous avez bien de la bonté.	*You are very kind.*
Vous êtes bien honnête, Monsieur.	*You are very civil, Sir.*

AFFIRMING AND DENYING.	AFFIRMER ET NIER.
Je m'en vais vous dire.	*I'll tell you what.*
Je vous assure que . .	*I assure you that . . .*
Je vous promets que . .	*I promise you that . .*
Je vous le garantis.	*I warrant it.*
Je puis vous en assurer.	*That I can assure you.*
C'est ce que je puis vous assurer.	*This is what I can assure you.*
C'est ce que je puis vous dire.	*This is what I can tell you.*
Comptez sur ce que je vous dis.	*Rely upon what I tell you.*

Je vous jure que....	*I'll swear that....*
Je dis que oui.	*I say it is—I say yes.*
Je dis que non.	*I say it is not—I say not.*
Je soutiens que....	*I maintain that....*
Je gage que oui.	*I lay it is.*
Je gage que non.	*I lay it is not.*
Je le suppose—Je suppose que oui.	*I suppose so.*
Je suppose que non.	*I suppose not.*
Je ne le suppose pas.	*I don't suppose it is so.*
J'imagine que oui.	*I fancy so.*
J'imagine que non.	*I fancy not.*

Vous pouvez bien penser que....	*You may think that..*
Vous pensez-bien que....	*You easily think that....*
Le pensez-vous?	*Do you think so?*
Je le pense.	*I think so.*
Je le pense aussi.	*I think so too.*
Je ne le pense pas.	*I do not think so.*
Il faut que vous sachiez....	*You must know...*
Il est bon de vous dire....	*I must tell you...*
J'ai quelque idée que....	*I have a notion that..*
Je suis tenté de croire...	*I am inclined to think...*

Je présume que oui.	*I dare say it is so.*
Que voulez-vous dire?	*What do you mean?*
Je ne sais ce que vous voulez dire.	*I don't know what you mean.*
Est-il certain que...?	*Is it certain that...?*
Est-il vrai que....?	*Is it true that.. ?*
Oui: cela est vrai—Cela est certain.	*Yes, it is true—it is certain.*
Cela n'est que trop vrai.	*It is but too true.*
C'est un fait.	*It is a fact.*
C'est un fait certain.	*It is a certain fact.*

Êtes-vous sûr de ce que vous dites?	*Are you sure of what you say?*
Croiriez-vous bien que....?	*Would you believe that...?*
Je le croirais bien.	*I could believe that.*
Le croyez-vous?	*Do you believe it?*
Je le crois.	*I believe it.*
Je le crois de même.	*I believe so too.*
Je le crois bien.	*That I believe.*
Je n'en crois rien.	*I do not believe any thing of it.*
Je n'en crois pas un mot.	*I don't believe a word of it.*
Je crois que oui.	*I think so.*
Je crois que non.	*I think not.*
Je n'en doute pas.	*I make no doubt of it.*

En êtes-vous bien sûr?	*Are you quite sure of it?*
J'en suis sûr.	*I am sure of it.*
J'en suis certain.	*I am certain of it.*
Rien de plus certain.	*Nothing more certain.*
Rien n'est plus certain.	*Nothing is more certain.*
Je vous en réponds.	*I answer for it—I will warrant it.*

Je ne le crois pas.	*I do not believe it.*
J'ai peine à le croire.	*I can hardly believe it.*
Je vous crois.	*I believe you.*
Vous pouvez me croire.	*You may believe me.*
Cela ne peut pas être vrai.	*It cannot be true.*
C'est une histoire.	*It is a story.*
C'est une histoire faite à plaisir.	*It is an invention.*
Je vous donne ma parole que....	*I give you my word that...*
Je vous proteste que	*I protest that...*
Sur mon honneur.	*Upon my honour.*
Sur ma parole d'honneur.	*Upon my word of honour.*
Ma parole d'honnête homme.	*My word of an honest man.*
Je vous donne ma parole d'honneur.	*I give you my word of honour.*

EXPRESSIONS OF SURPRISE.	EXPRESSIONS DE SURPRISE.
Quoi !	*What !*
Bon !—Vraiment !	*Good !—You don't say so !*
En vérité !	*Indeed !*
Oui dà !	*Is it !—Is it so !*
Non !	*No!*
Se peut-il ! — Est-il possible ! —Serait-il possible !	*Is it possible !*
Est-il bien possible !	*Is it really possible !*
Comment cela se peut-il ?	*How can that be ?*
Comment cela se peut-il faire ?	*How is that possible ?*
Cela est impossible.	*It is impossible.*
Impossible !	*Impossible !*
Il n'est pas possible.	*It is not possible.*
Cela ne se peut pas.	*That cannot be*
Je ne comprends pas comment	*I cannot think how . .*
J'en suis surpris.	*I am surprised at it.*
J'en suis bien étonné.	*I am quite astonished at it.*
Cela me surprend.	*It surprises me.*
Vous me surprenez.	*You surprise me.*
Vous m'étonnez.	*You astonish me.*

Voilà qui me surprend.	*This is what surprises me.*
Cela m'étonne beaucoup.	*That quite astonishes me.*
Je m'en étonne.	*I wonder at it.*
Ceci est bien étonnant!	*This is quite astonishing!*
Cela est inconcevable.	*It is inconceivable.*
C'est une chose inconcevable.	*It is a thing not to be conceived.*
Cela est inoui.	*It is unheard of.*
C'est une chose inouie.	*It is a thing unheard of.*
Cela est bien étrange!	*That is very strange!*
Voici une chose étrange!	*This is something strange!*
Violà une affaire bien étrange!	*This is a strange sort of a business!*

PROBABILITY.	LA PROBABILITÉ.
Cela est probable.	*It is probable.*
Cela est vraisemblable.	*It is likely.*
Cela est assez vraisemblable.	*It is likely enough.*
Cela n'est pas improbable.	*It is not unlikely.*
Cela n'est point du tout improbable.	*It is not at all unlikely.*

Cela est très-probable.	*It is very probable.*
Cela est plus que probable.	*It is more than probable.*
Il n'y a rien d'impossible.	*There is nothing impossible in it.*
Cela n'est pas impossible.	*It is not impossible.*
Je n'y vois rien d'impossible.	*I see nothing impossible in it.*
Cela est très-possible.	*It is very possible.*
Cela se peut.	*It may be so.*
Cela se pourrait bien. Cela pourrait bien être.	*It might be so.*
Je n'en suis pas étonné.	*I do not wonder at it.*
Je n'en suis pas surpris.	*I am not surprised at it.*
Cela ne m'étonne pas.	*That does not astonish me.*
Cela ne me surprend pas.	*That does not surprise me.*
Cela n'est pas étonnant.	*It is not astonishing.*
Cela n'est pas surprenant.	*It is not surprising.*
Il n'y a rien d'étonnant—Il n'y a rien de surprenant.	*There is nothing surprising in it.*

Vous ne m'étonnez pas.	*You do not astonish me.*
Vous ne me surprenez pas.	*You do not surprise me.*
Je ne m'en étonne pas.	*I do not wonder at it.*
Je n'en serais pas étonné.	*I should not wonder at it.*
Cela ne me surprendrait pas.	*It would not surprise me.*
Cela est naturel.	*Of course—It is natural.*
Cela est tout simple.	*No wonder.*
Cela va sans dire.	*Of course — It is of course — It is a matter of course.*
Cela s'entend.	*That is understood.*

SORROW.	L'AFFLICTION.
J'en suis fâché.	*I am sorry for it.*
J'en suis bien fâché.	*I am very sorry for it.*
J'en suis bien mortifié.	*I am quite vexed at it.*
J'en suis on ne peut plus fâché.	*I am extremely sorry for it.*
J'en suis on ne peut plus mortifié.	*I feel extremely mortified at it.*
J'en suis inconsolable.	*I am quite inconsolable at it.*

Cela me désespère.	*It makes me quite unhappy.*
J'en suis désolé — J'en suis désespéré —J'en suis au désespoir.	*I am quite vexed about it—It vexes me beyond expression.*
Quel dommage!	*What a pity!*
C'est bien dommage!	*It is a great pity!*
C'est grand dommage!	*It is a very great pity!*
Cela est bien fâcheux.	*It is a sad thing.*
Cela est bien triste.	*It is a melancholy case.*
Cela est bien désobligeant.	*It is quite vexing.*
Cela est bien désagréable.	*That is very disagreeable.*
Cela est bien piquant.	*It is very provoking.*
Cela est bien dur.	*It is very hard.*
Cela est bien cruel.	*It is a cruel case.*
Cela fait trembler.	*It is shocking.*
Cela est bien malheureux.	*That is very unlucky.*
C'est un grand malheur.	*It is a great misfortune.*
Cela est terrible.	*It is terrible.*
Cela est épouvantable.	*It is dreadful.*
Cela fait dresser les cheveux à la tête.	*It makes one's hair stand on end.*

BLAME.	LE REPROCHE.
Fi!—Fi donc!	*Fye!—For shame!*
N'avez-vous pas honte?	*Are you not ashamed?*
N'êtes-vous pas honteux?	*Are you not ashamed of yourself?*
Vous devriez être honteux.	*You ought to be ashamed.*
Vous me faites honte.	*I am ashamed of you.*
Quelle honte!	*What a shame!*
C'est honteux.	*It is a shame—It is shameful.*
C'est une chose honteuse.	*It is a shameful thing.*
Cela est bien mal.	*It is very bad—It is too bad.*
Que cela est vilain!	*How naughty it is!*
Cela est bien méchant.	*That is very wicked.*
C'est abominable.	*It is abominable.*
Comment pouvez-vous être si méchant?	*How can you be so naughty?*
Comment avez-vous pu faire cela?	*How could you do so?*
Comment avez-vous fait cela?	*How came you to do so?*
Vous êtes bien méchant.	*You are very bad.*

Pourquoi avez-vous fait cela?	*What did you do so for?*
C'est être bien méchant.	*This is very bad.*
Il faut être bien méchant.	*One must be very naughty.*
Cela est bien mal à vous.	*That is very bad of you.*
Vous êtes bien à blâmer.	*You are very much to blame.*
Vous avez bien tort.	*You are quite wrong.*
Comment osez-vous bien faire cela?	*How dare you do so?*
Vous mettez ma patience à bout.	*I have no patience with you.*
La patience m'échappe.	*My patience is tired out.*

Je ne suis pas content de vous.	*I am not satisfied with you.*
Je suis bien mécontent de vous.	*I am quite dissatisfied with you.*
Je ne serai pas content.	*I shall be dissatisfied.*
Je serai bien mécontent.	*I shall be very angry.*
Tenez-vous tranquille.	*Be quiet.*
Finissez.	*Have done.*
Finissez, vous dis-je.	*Have done, I say.*

Ne pouvez-vous pas vous tenir tranquille ?	*Can't you be easy?*
Ne pouvez-vous pas vous tenir en repos?	*Can't you be quiet?*
Je vous préviens que..	*I tell you beforehand that...*
Je vous avertis que...	*I tell you that...*
Je vous en avertis.	*Mind what I say.*
Je ne veux pas cela.	*I won't have that.*
Je ne souffrirai pas cela.	*I won't suffer that.*
Je le veux.	*I will have it.*
Je le veux absolument	*I insist upon it.*
Prenez garde pour une autre fois.	*Mind for another time.*
Ne le faites pas davantage.	*Do not say any more.*
N'y retombez pas davantage.	*You must not do so any more.*
Point d'impertinence.	*Be not saucy — Don't be impertinent.*
Silence.	*Silence.*
Paix.	*Hold your peace.*
Taisez-vous.	*Hold your tongue.*
Voulez-vous vous taire ?	*Will you hold your tongue ?*
Point tant de raisons.	*No reasonings.*
Ne répliquez pas.	*Do not reply.*
Retirez-vous de devant mes yeux.	*Get out of my sight.*

ANGER.	LA COLÈRE.
Je suis bien en colère.	*I am very angry.*
Je ne suis pas de bonne humeur.	*I am not in a good humour.*
Je suis de mauvaise humeur.	*I am out of humour.*
Je suis d'une humeur affreuse.	*I am very cross.*
Je suis d'une humeur qui ne se conçoit pas.	*I am quite out of humour.*
Je suis piqué.	*I am hurt.*
Je suis bien piqué.	*I am quite hurt.*
Je suis piqué jusqu'au vif.	*I am stung to the quick.*
Je suis piqué au dernier point.	*I am quite stung.*
Je suis outré.	*I am quite provoked —I am quite exasperated.*
Je suis hors des gonds.	*I am unhinged.*
Vous me voyez d'une colère inconcevable.	*You see me quite in a passion.*
Je suis d'une colère épouvantable.	*I am in a terrible passion.*
J'en suis furieux.	*It makes me quite mad.*
Je ne me possède pas de colère.	*I cannot contain myself for anger.*

JOY.	LA JOIE.
Je suis bien aise—Je suis bien content.	*I am glad—I am very glad.*
Je suis charmé—Je suis enchanté—Je suis ravi.	*I am very happy—I am delighted—In raptures.*
Je suis bien enchanté—Je suis bien charmé.	*I am extremely happy.*
J'en suis fort aise.	*I am very glad of it.*
J'en suis enchanté—J'en suis bien charmé.	*I am extremely glad of it.*
J'en ai bien de la joie.	*It gives me great joy.*
J'en ressens la plus grande satisfaction.	*It makes me very happy to hear it.*
J'en ai une joie infinie.	*It gives me a great deal of joy.*
Cela me fait le plus grand plaisir.	*It gives me the greatest pleasure.*
Je vous félicite.	*I give you joy—I wish you joy.*
Je vous félicite de tout mon cœur.	*I give you joy with all my heart.*
Je vous en félicite bien sincèrement.	*I sincerely give you joy.*
Je vous fais mon compliment.	*I congratulate you.*
Je vous en fais mon compliment.	*I congratulate you on it.*

Voulez-vous bien recevoir mon compliment?	*Will you give me leave to congratulate you?*

CONSULTING.	CONSULTATION.
Que faire?	*What is to be done?*
Quel parti prendre?	*What course is to be taken?*
Quel parti prendrons-nous?	*What course shall we take?*
Quel parti avons-nous à prendre?	*What course are we to take?*
Que ferons-nous?	*What shall we do?*
Qu'avons-nous à faire?	*What have we to do?*
Que devons nous faire?	*What are we to do.*
Que nous reste-t-il à faire?	*What remains for us to do now?*
Voyons.	*Let us see.*
Il faut nous résoudre à quelque chose.	*We must resolve upon something.*
Il faut prendre un parti.	*We must take some course.*
Je suis bien embarrassé.	*I am quite puzzled.*
Je ne sais que faire.	*I don't know what to do.*
Je suis dans un grand embarras.	*I am in a great embarrassment.*

Nous voilà dans un grand embarras.	*We are in a great perplexity.*
Nous sommes dans un cas bien embarrassant.	*We are in a very perplexing case.*
Cela est bien embarrassant.	*This is very embarrassing.*

Je suis d'avis...	*I think...*
Ne croyez-vous pas..?	*Don't you think..?*
Si j'étais vous.	*If I were you.*
Si j'étais à votre place.	*If I were in your place.*
Je vous conseille...	*I advise you...*
Je vous conseillerais..	*I should advise you...*
Mon avis est que...	*I am of opinion that...*
Si vous m'en croyez.	*If you take my advice.*
Je pense à une chose.	*I am thinking of one thing.*
Il me vient une idée.	*An idea strikes me.*
J'ai pensé à une chose.	*I have been thinking of one thing.*
Il m'est venu une pensée.	*A thought has struck me.*
Il m'est venu une idée.	*An idea has struck me.*
Laissez-moi faire.	*Let me alone for that.*
Faisons une chose.	*Let us do one thing.*
J'ai changé d'avis.	*I have altered my opinion.*

Je me suis ravisé.	*I have altered my mind.*
Faisons autrement.	*Let us do otherwise.*
Faisons autre chose.	*Let us do another thing.*
Prenons-nous y autrement.	*Let us go another way to work.*

Qu'en dites-vous?	*What do you say about it?*
Qu'en pensez-vous?	*What do you think of it?*
Je pense comme vous.	*I think as you do.*
C'est très-bien pensé.	*It is very well thought.*
C'est très-bien imaginé.	*It is very well imagined.*
Voilà une bonne pensée.	*This is a good thought.*
Voilà une excellente idée.	*This is a very good idea.*
Je suis de votre avis.	*I am of your opinion.*
Faisons cela.	*Let us do so.*
C'est le meilleur parti.	*It is the best way.*
J'aimerais mieux . . .	*I had rather . . .*
Il vaut mieux . . .	*It is better . . .*
Ne vaudrait-il pas mieux . . .?	*Would it not be better . . .?*
C'est le mieux que nous puissions faire.	*It is the best thing we can do.*

C'est ce que nous avons de mieux à faire.	*It is the best thing we can do*
C'est la seule chose qui nous reste à faire.	*It is the only thing we have to do.*
C'est le seul parti que nous ayons à prendre.	*That is the only course we can take.*

EATING AND DRINKING.	BOIRE ET MANGER.
Avez-vous faim ?	*Are you hungry ?*
J'ai bon appétit.	*I have a good appetite.*
J'ai faim.	*I am hungry.*
J'ai bien faim.	*I am very hungry.*
Je mangerais bien un morceau.	*I could eat a bit of something.*
Mangez quelque chose.	*Eat something.*
Que mangerez-vous ?	*What will you eat ?*
Que voulez-vous manger ?	*What do you like to eat ?*
Que souhaitez-vous manger ?	*What do you wish to eat ?*
Je mangerai la première chose venue.	*I shall eat any thing.*
Vous ne mangez pas.	*You don't eat.*
Vous ne mangez rien.	*You don't eat any thing?*

Je vous demande pardon, je mange très-bien.	*I ask your pardon, I eat very well.*
J'ai très-bien mangé.	*I have done very well.*
J'ai dîné d'un bon appétit.	*I have dined with a good appetite.*
Mangez encore un morceau.	*Eat another piece.*
Je ne prendrai rien davantage.	*I cannot take any thing more.*
Avez-vous soif?	*Are you dry?*
N'avez-vous pas soif?	*Are you not thirsty?*
J'ai soif.	*I am thirsty.*
J'ai bien soif.	*I am very thirsty.*
Je suis fort altéré.	*I am very dry.*
Je meurs de soif.	*I am dying with thirst.*
Buvons.	*Let us drink.*
Que voulez-vous boire?	*What will you drink?*
Donnez-moi à boire.	*Give me some drink.*
Prenez un verre de vin.	*Take a glass of wine.*
Voulez-vous prendre un verre de vin?	*Will you take a glass of wine.*
Je boirais bien un verre de porter.	*I could drink a glass of porter.*
Prenez un verre de bière.	*Take a glass of beer.*
Buvez encore un verre de vin.	*Drink another glass of wine.*

Monsieur, je bois à votre santé.	*Sir, my service to you.*
J'ai l'honneur de boire à votre santé.	*I drink your good health.*

NEWS.	NOUVELLES.
Y a-t-il des nouvelles aujourd'hui?	*Is there any news to-day?*
Y a-t-il quelque chose de nouveau?	*Is there any thing new?*
Savez-vous quelque chose de nouveau?	*Do you know any thing new?*
Savez-vous des nouvelles?	*Do you know any news?*
Que dit-on de bon?	*What is the best news?*
Que dit-on de nouveau?	*What news is there?*
Quelles nouvelles nous apprendrez-vous?	*What news can you tell us?*
Avez-vous quelque chose à nous apprendre?	*Have you got any thing to tell us?*
N'avez-vous entendu parler de rien?	*Have you not heard of any thing?*
Que dit-on dans la ville?	*What is the talk about town?*
Que dit-on de vos côtés?	*What is the news in your quarter?*

Je ne sais rien de nouveau. — *I know nothing new.*

Il n'y a rien de nouveau. — *There is nothing new.*

Il n'y a point de nouvelles. — *There is no news.*

Je ne sais point de nouvelles. — *I know no news.*

Je n'ai entendu parler de rien. — *I have not heard of any thing.*

On ne parle de rien. — *There is no talk of any thing.*

Il y a de bonnes nouvelles. — *There is good news.*

Les nouvelles sont bonnes. — *The news is good.*

Il y a de mauvaises nouvelles. — *There is bad news.*

Les nouvelles sont bien mauvaises. — *The news is very bad.*

Voilà une bonne nouvelle. — *This is very good news.*

Voilà une triste nouvelle. — *This is very bad news.*

J'ai entendu dire que . . . — *I have heard that . . .*

Je n'ai pas entendu parler de cela. — *I have not heard speak of that.*

Avez-vous lu les papiers?	*Did you read the papers?*
Que disent les papiers?	*What do the papers say?*
Je n'ai lu aucun papier aujourd'hui.	*I have read no paper to-day.*
Avez-vous vu cela dans quelque papier?	*Did you see that in any paper?*
Cela n'est marqué que dans une lettre particulière.	*It is only mentioned in a private letter.*
Dit-on qui a reçu cette lettre?	*Do they say who received that letter?*
Oui; on nomme la personne. C'est Mr. A***	*Yes; they name the person. It is Mr. A****
On doute beaucoup de cette nouvelle.	*They doubt this news very much.*
Cette nouvelle demande confirmation.	*This news wants confirmation.*

De qui tenez-vous cette nouvelle?	*From whence have you had this news?*
Comment le savez-vous?	*How do you know that?*
Je tiens cette nouvelle de bonne part.	*I have had that news from good authority.*

Je tiens cette nouvelle de bonne main.	*I have had that news from good hands.*
Je l'ai de la première source.	*I have had it from the first hand.*
Je vous nomme mon auteur.	*I give you my author.*
Cette nouvelle ne s'est pas confirmée.	*That news has not been confirmed.*
Ce bruit s'est trouvé faux.	*That report has proved false.*
On ne parle plus de cette nouvelle.	*This news is no longer talked of.*
Parle-t-on toujours de guerre ?	*Do they still talk of war?*
Croit-on que nous ayons la paix?	*Do they think we shall have peace?*
Il n'y a pas d'apparence.	*It is not likely.*
Avez-vous reçu des nouvelles de votre frère?	*Have you heard from your brother?*
Y a-t-il long-temps que vous n'avez reçu des nouvelles de votre ami ?	*Did you hear lately from your friend?*
Combien y a-t-il qu'il ne vous a écrit?	*How long is it since he wrote to you?*
Il y a deux mois que je n'ai reçu de ses nouvelles.	*I have not heard from him these two months.*

Il y a trois semaines qu'il n'a écrit.	*He has not written for three weeks.*
J'attends une lettre de lui de jour en jour.	*I expect a letter from him every day.*

GOING AND COMING.	ALLER ET VENIR.
Où allez-vous?	*Whither are you going?*
Où allez-vous par là? —Où allez-vous comme cela?	*Whither are you going this way?*
Je vais à la maison—Je m'en vais chez nous.	*I am going home.*
J'allais chez-vous—Je m'en allais chez vous.	*I was going to your house.*
D'où venez-vous?	*From whence do you come?*
Je viens de chez mon frère.	*I come from my brother's.*
Je viens de l'église.	*I come from church.*
Je sors de l'école.	*I just left the school.*
Voulez-vous venir avec moi?	*Will you come with me?*
Où voulez-vous aller?	*Whither do you wish to go?*

Nous irons nous promener.	*We will go to walk.*
Nous irons faire un tour.	*We will go and take a walk.*
Je le veux bien—Volontiers.	*With all my heart—If you please.*
Par où irons-nous?—De quel côté irons-nous?	*Which way shall we go?*
Nous irons du côté que vous voudrez—Nous irons par où vous voudrez.	*We will go which way you please.*

Allons au parc.	*Let us go to the park.*
Prenons votre frère en passant.	*Let us take your brother in our way.*
Comme vous voudrez—Comme il vous plaira.	*As you please.*
Mr. B** est-il à la maison?	*Is Mr. B** at home.*
Il vient de sortir.	*He is just gone out.*
Il est sorti.	*He is gone out.*
Il n'est pas à la maison.	*He is not at home.*
Pouvez-vous nous dire où il est allé?	*Can you tell us whither he is gone?*

Je ne saurais vous dire exactement.	*I cannot tell you exactly.*
Je crois qu'il est allé voir sa sœur.	*I think he is gone to see his sister.*
Savez-vous quand il reviendra?	*Do you know when he will return?*
Non : il n'a rien dit en s'en allant.	*No: he said nothing when he went out.*
En ce cas-là, nous irons sans lui.	*In that case, we must go without him.*

ASKING QUESTIONS AND ANSWERING. — FAIRE DES QUESTIONS ET RÉPONDRE.

Approchez, j'ai quelque chose à vous dire.	*Here, I have something to tell you*
J'ai un petit mot à vous dire.	*I have a word to tell you.*
Ecoutez.	*Hark ye.*
Ecoutez-moi	*Hear me.*
J'ai envie de vous parler.	*I want to speak to you.*
Qu'y a-t-il pour votre service? — Qu'est-ce qu'il y a pour votre service?	*What is it?—What is your pleasure?*
C'est à vous que je parle.	*I speak to you.*

Ce n'est pas à vous que je parle.	*I don't speak to you.*
Que dites-vous?—Qu'est-ce que vous dites?	*What do you say?—What is it you say?*
Qu'avez-vous dit?	*What did you say?*
Je ne dis rien.	*I say nothing.*
Je ne parle pas.	*I don't speak.*
Entendez-vous?	*Do you hear?*
M'entendez-vous?	*Do you hear me?*
Entendez-vous ce que je dis?—Me comprenez-vous?	*Do you hear what I say?—Do you understand me.*
Je ne vous ai pas entendu—compris.	*I did not hear you—understand you.*
Ecoutez-moi.	*Listen to me.*
Vous ne m'écoutez pas.	*You do not listen to me.*
M'entendez-vous maintenant?	*Do you hear me now?*
Je vous entends fort bien.	*I hear you very well.*

Comprenez-vous ce que je dis?	*Do you understand what I say?*
Voulez-vous bien répéter?	*Will you be so kind as to repeat?*
Voulez-vous avoir la bonté de répéter?	*Will you have the goodness to repeat?*
Je vous entends bien.	*I understand you well.*

Pourquoi ne me répondez vous pas?	*Why don't you answer me.*
Que ne repondez-vous?	*Why don't you answer?*
Ne parlez-vous pas français?	*Don't you speak French?*
Bien peu, Monsieur.	*Very little, Sir.*
Je l'entends un peu, mais je ne le parle pas.	*I understand it a little, but I cannot speak it.*
Parlez plus haut.	*Speak louder.*
Ne parlez pas si haut.	*Do not speak so loud.*
Ne faites point tant de bruit.	*Don't make so much noise.*
Taisez-vous.	*Hold your tongue.*
Ne m'avez-vous pas dit que . . .?	*Did you not tell me that . . .?*
Qui vous a dit cela? —Qui est-ce qui vous a dit cela?	*Who told you so?*
On me l'a dit.	*I have been told so.*
Quelqu'un me l'a dit.	*Somebody told me so.*
Je l'ai entendu dire.	*I heard it.*

Que voulez-vous dire?	*What do you mean?*
Que voulez-vous dire par là?	*What do you mean by that?*
Qu'est-ce que cela veut dire?	*What is the meaning of that?*

A quoi cela est-il bon? —A quoi cela sert-il?	*What is that good for? —What is the use of it?*
Qu'est ce que cela? —Qu'est-ce que c'est que cela?	*What is that?*
Comment appelez-vous cela?	*What do you call that?*
Comment cela s'appelle-t-il?	*What's the name of that?*
On appelle cela . . .	*It is called . . .*
Cela s'appelle . . .	*That is called . . .*
C'est ce qu'on nomme . . .	*This is what is called . . .*
Puis-je vous demander?	*May I ask you?*
Peut-on vous demander?	*May one ask you?*
Oserais-je vous demander?	*Shall I make bold to ask you?*
Oserais-je vous prier de . . .?	*Shall I trouble you to . . .?*
Que désirez-vous?—Que souhaitez-vous?	*What do you wish to have?*
Connaissez-vous M. A**?	*Do you know Mr. A**?*
Je le connais de vue.	*I know him by sight.*
Je le connais de nom.	*I know him by name.*
Savez-vous que . . .?	*Do you know that . .?*
Je ne savais pas.	*I did not know.*

Je n'en sais rien.	*I know nothing of it.*
Je n'en sais pas un mot.	*I don't know a word of it.*
Pas que je sache.	*Not that I know of.*
Je n'ai point entendu parler de cela.	*I have not heard of it.*

AGE.	AGE.
Quel âge avez-vous?	*What is your age?*
Quel âge a M. votre frère?	*How old is your brother?*
J'ai douze ans.	*I am twelve years old.*
J'ai dix ans et demi.	*I am ten years and six months old.*
J'ai bientôt quinze ans.	*I am near fifteen.*
J'aurai seize ans le mois prochain.	*I shall be sixteen next month.*
J'ai eu treize ans la semaine passée.	*I was thirteen last week.*
J'aurai vingt ans à Noël prochain.	*I shall be twenty years next Christmas.*
Vous ne paraissez pas si âgé.	*You do not look so old.*
Vous paraissez plus âgé.	*You look older.*
Je vous croyais plus âgé.	*I thought you were older.*
Je ne vous croyais pas si âgé.	*I did not think you were so old.*

Quel âge peut avoir votre oncle ?	*How old may your uncle be?*
Il peut avoir soixante ans.	*He may be sixty years old.*
Il a à peu près soixante ans.	*He is about sixty.*
Il a plus de cinquante ans.	*He is more than fifty.*
C'est un homme de cinquante et quelques années.	*He is a man of fifty and upwards.*
C'est un homme de soixante ans.	*He is a man of sixty.*
C'est un homme d'une soixantaine d'années.	*He is about sixty years of age.*
Il peut avoir une soixantaine d'années.	*He may be sixty years, or thereabouts.*
Il a plus de quatre-vingts ans.	*He is above eighty years old.*
Il a au moins soixante et dix ans.	*He is at least seventy years old.*
C'est un grand âge.	*It is a great age.*
Est-il si âgé que cela ?	*Is he so old?*
A-t-il cet âge-là ?	*Is he of that age?*
Il commence à vieillir.	*He begins to grow old.*
Il commence à tirer sur l'âge.	*He begins to get in years.*
Il se casse à vue d'œil.	*He breaks very fast.*

THE HOUR.	L'HEURE.
Quelle heure est-il ?	*What o'clock is it ?*
Quelle heure est-il bien ?	*What o'clock may it be ?*
Dites-moi, je vous prie, qu'elle heure il est.	*Pray tell me what it is o'clock?*
Pouvez-vous me dire l'heure qu'il est ?	*Can you tell me what it is o'clock.*
Il est une heure.	*It is one o'clock.*
Il est une heure passée.	*It is past one.*
Il est une heure sonnée.	*It has struck one.*
Il est une heure et un quart.	*It is a quarter past one.*
Il est une heure et demie.	*It is half an hour past one.*
Il est deux heures moins un quart.	*It wants a quarter to two.*
Il est deux heures moins dix minutes.	*It wants ten minutes to two.*
Il n'est pas encore deux heures.	*It is not quite two.*
Midi n'est pas sonné.	*It has not struck twelve.*
Il n'est que midi.	*It is but twelve o'clock.*
Il est midi.	*It is twelve o'clock (in the day.)—It is noon.*

Il est minuit.	*It is twelve o'clock (in the night.)—It is midnight.*

Il est près de trois heures.—Il va être trois heures.	*It is almost three—It is nearly three.*
Il s'en va trois heures.	*It is upon the stroke of three.*
Trois heures vont sonner.	*It is going to strike three.*
Vous allez entendre sonner trois heures.	*You will hear the clock strike three.*
Il est trois heures dix minutes.	*It is ten minutes after three.*
Quatre heures viennent de sonner.	*It has just struck four.*
Il est quatre heures passées.	*It is past four.*
Il est quatre heures vingt minutes.	*It is twenty minutes after four.*
L'horloge va sonner.	*The clock is going to strike.*
Voilà l'horloge qui sonne.	*The clock strikes.*
Il n'est pas tard.	*It is not late.*
Il est plus tard que je ne pensais.	*It is later than I thought.*
Je ne croyais pas qu'il fût si tard.	*I did not think it was so late.*

THE WEATHER.	LE TEMPS.
Quel temps fait-il?	*How is the weather?*
Quelle sorte de temps fait-il?	*What sort of weather is it?*
Il fait mauvais temps.	*It is bad weather.*
Il fait un temps couvert.	*It is cloudy.*
Il fait un temps bien sombre.	*It is very dull.*
Il fait un temps affreux.	*It is dreadful weather.*
Il fait un temps abominable.	*It is shocking bad weather.*
Il fait beau temps.	*It is fine weather.*
Il fait un temps charmant.	*It is charming weather.*
Il fait un temps superbe.	*It is beautiful weather.*
Nous aurons une belle journée.	*We shall have a fine day.*
Il fait de la rosée.	*It is dewy.*
Il fait du brouillard.	*It is foggy.*
Il fait un temps pluvieux.	*It is rainy weather.*
Le temps est à la pluie.	*It threatens to rain.*
Le ciel est pris de tous côtés.	*The sky is overcast.*
Le ciel se brouille.	*The sky lowers.*

BIBLIOTHÈQUE ROYALE

Le ciel se couvre.	*The sky gets very cloudy.*
Le ciel se rembrunit.	*The sky becomes very dark.*
Le ciel se noircit.	*The sky becomes very black.*

Le soleil commence à se montrer.	*The sun begins to break out.*
Le soleil se montre.	*The sun breaks out.*
Le temps se rassure —se met au beau— se remet.	*The weather settles.*
Le temps commence à se remettre—à se rassurer.	*The weather begins to settle.*
Le temps a l'air de vouloir se mettre au beau.	*The weather seems as if it would settle.*
Il a l'air de vouloir faire beau temps.	*It looks as if it would be fine weather.*
Le temps est remis.	*The weather is settled.*
Il fait bien chaud.	*It is very hot.*
Il fait une chaleur étouffante.	*It is sultry hot.*
Il fait bien doux.	*It is very mild.*
Il fait froid.	*It is cold.*
Il fait terriblement froid.	*It is terribly cold.*

Il fait un froid excessif.	*It is excessively cold.*
Il fait un temps froid et humide—Il fait un temps gris.	*It is raw weather.*
Il fait un temps mou.	*It is faint weather.*

Il pleut—Il tombe de la pluie.	*It rains—It is raining.*
Il pleut bien fort.	*It rains very fast.*
Il pleut à verse.	*It pours—It showers.*
La pluie tombe à verse.	*It is pouring.*
Il tombe de la pluie à verse.	*It rains as fast as it can pour.*
Il a plu—Il a tombé de la pluie.	*It has rained—It has been raining.*
Il va pleuvoir.	*It is going to rain.*
Je sens des goutes de pluie.	*I feel some drops of rain.*
Il tombe des goutes de pluie.	*There are some drops falling.*
Il grêle—Il tombe de la grêle.	*It hails—It is hailing.*
Il neige—Il tombe de la neige.	*It snows—It is snowing.*
Il a neigé—Il a tombé de la neige.	*It has snowed—It has been snowing.*
Il neige à gros flocons.	*It snows in great flakes.*

Il gèle.	*It freezes.*
Il a gelé.	*It has frozen.*
Il a gelé à glace.	*It froze very hard, there is ice.*
Il gèle à pierre fendre.	*It freezes extremely hard.*
Il a gelé blanc—Il gèle blanc.	*It is a white frost—It rimes.*
Il fait du verglas.	*It is a glazed frost.*
Il bruine.	*It drizzles.*
Le temps s'amollit.	*It gives—It gives a little.*
Le temps commence à s'amollir.	*It begins to give.*
Il dégèle—Voici le dégel.	*It thaws—The frost is broken.*

Il fait bien du vent.	*It is very windy.*
Le vent est bien élevé.	*The wind is very high.*
Il ne fait pas d'air.	*There is no air stirring.*
Il éclaire.	*It lightens.*
Il à éclairé toute la nuit.	*It has lightened all night.*
Il tonne.	*It thunders.*
Le tonnerre gronde.	*The thunder roars.*
J'entends le tonnerre.	*I hear the thunder.*
Le tonnerre est tombé — La foudre est tombée.	*The thunderbolt has fallen.*

Il a tonné toute la journée.	*It has thundered all day long.*
Le temps est à l'orage.	*The weather is stormy.*
Nous aurons de l'orage.	*We shall have a storm.*
Le ciel commence à s'éclaircir.	*The sky begins to clear up.*
Le temps pourra se soutenir.	*The weather may hold up.*
Le temps est bien inconstant.	*The weather is very unsettled.*
Le temps est bien variable.	*The weather is very changeable.*

Il fait bien de la crotte.	*It is very dirty.*
Il fait bien de la poussière.	*It is very dusty.*
Il fait bien glissant.	*It is very slippery.*
Il fait bien mauvais marcher.	*It is very bad walking.*
Il fait jour.	*It is daylight.*
Il fait sombre.	*It is dark.*
Il fait nuit.	*It is night.*
Il fait une belle nuit.	*It is a fine night.*
Il fait une nuit obscure.	*It is a dark night.*
Il fait clair de lune.	*It is moonlight.*
Croyez-vous qu'il fasse beau temps ?	*Do you think it will be fine weather?*

Je ne crois pas qu'il pleuve.	*I do not think it will rain.*
Je pense qu'il pleuvra.	*I think it will rain.*
J'ai peur qu'il ne pleuve.	*I am afraid it will rain.*
J'ai peur que nous n'ayons de la pluie.	*I am afraid we shall have some rain.*
Je le crains.	*I fear so.*
J'en ai peur.	*I am afraid we shall.*

PART II.

EASY DIALOGUES.—*DIALOGUES FACILES.*

DIALOGUE I.

SALUTATION.	LA SALUTATION.
Bon jour, Monsieur.	*Good morning, Sir.*
Je vous souhaite le bon jour.	*I wish you a good morning.*
Comment vous portez-vous ce matin?	*How do you do this morning?*
L'état de votre santé?	*How is it with your health?*
Comment va la santé?	*How is your health?*

Votre santé est-elle bonne?	*Do I see you in health?*
Votre santé est toujours bonne?	*Do you continue in good health?*
Assez bonne, et la votre?	*Pretty good, and how is yours?*
Vous portez-vous bien?	*Do I see you well?*
Fort bien, et vous même?	*Very well, and how do you do?*
Comment vous êtes-vous porté depuis que je n'ai eu le plaisir de vous voir?	*How have you been, since I had the pleasure to see you?*
J'espère que vous êtes en bonne santé.	*I hope I see you well.*
J'espère que je vous trouve en bonne santé.	*I hope I find you in good health.*
Je me porte à merveille.	*I am perfectly well.*
Le mieux du monde.	*As well as can be.*
Et vous, comment cela va-t-il?	*And how is it with you?*
Assez bien, Dieu merci.	*Pretty well, thank God.*
A mon ordinaire.	*As usual.*
J'en suis bien aise.	*I am glad of it.*
Je suis ravi de vous voir en bonne santé.	*I am very happy to see you well.*

DIALOGUE II.

VISIT.	LA VISITE.
On frappe.	*Here is a knock.*
Quelqu'un frappe.	*Somebody knocks.*
Allez voir qui c'est.	*Go and see who it is.*
Allez ouvrir la porte.	*Go and open the door.*
C'est Madame B**.	*It is Mrs. B**.*
Je vous souhaite le bon jour.	*Good morning to you.*
Je suis bien aise de vous voir.	*I am very glad to see you.*
Je suis charmé de vous voir.	*I am very happy to see you.*
Il y a un siècle que je ne vous ai vu.	*I have not seen you this age.*
C'est nouveauté que de vous voir.	*It is a novelty to see you.*
Vous devenez rare comme les beaux jours.	*You are quite a stranger.*
Asseyez-vous, je vous prie.	*Pray be seated.*
Faites-moi le plaisir de vous asseoir.	*Do, pray, sit down.*
Ne voulez-vous pas vous asseoir ?	*Won't you sit down ?*
Donnez-vous la peine de vous asseoir.	*Please to sit down.*

Donnez une chaise à Madame **.	*Give a chair to Mrs. * *.*
Apportez un siége à Madame **.	*Fetch a seat for Mrs. * *.*
Voulez-vous rester à dîner avec nous?	*Will you stay and take some dinner with us?*
Je ne peux pas rester.	*I cannot stay.*
Je ne suis entré que pour savoir comment vous vous portiez.	*I only came in to know how you did.*
Il faut que je m'en aille.	*I must go.*
Vous êtes bien pressée.	*You are in a great hurry.*
Pourquoi êtes-vous si pressée?	*Why are you in such a hurry?*
J'ai bien des choses à faire.	*I have a good many things to do.*
Vous pouvez bien rester encore un moment.	*Sure, you can stay a little longer.*
J'ai à aller en différens endroits.	*I have many places to call at.*
Je resterai plus longtemps une autre fois.	*I will stay longer another time.*
Je vous remercie de votre visite.	*I thank you for your visit.*

K

J'espère que je vous reverrai bientôt.	*I hope I shall see you soon again.*

DIALOGUE III.

BREAKFAST.	LE DÉJEUNER.
Avez-vous déjeûné ?	*Have you breakfasted?*
Pas encore.	*Not yet:*
Vous arrivez à propos.	*You come just in time.*
Vous déjeûnerez avec nous.	*You will breakfast with us.*
Le déjeûné est prêt.	*Breakfast is ready.*
Venez déjeûner.	*Come to breakfast.*
Prenez-vous du thé, ou du café ?	*Do you drink tea, or coffee ?*
Aimeriez-vous mieux du chocolat ?	*Would you prefer chocolate ?*
Je préfère le café.	*I prefer coffee.*
Que vous offrirai-je ?	*What shall I offer you ?*
Voici des pains mollets et des rôties.	*Here are rolls and toast.*
Lequel aimez-vous le mieux ?	*Which do you like best ?*
Je prendrai un petit pain.	*I shall take a roll.*
Je préfère une rôtie.	*I prefer some toast.*
Comment trouvez-vous le café ?	*How do you like the coffee ?*

J'espère que le café est à votre goût.	*I hope your coffee is agreeable to your taste.*
Le café est-il assez fort ?	*Is the coffee strong enough ?*
Il est excellent.	*It is excellent.*
Est-il assez sucré ?	*Is it sweet enough ?*
S'il ne l'est pas assez, dites-le-moi sans cérémonie.	*If it is not, I beg you will speak.*
S'il ne l'est pas assez, ne faites pas de façons.	*If it is not, don't make any ceremonies.*
Faites comme si vous étiez chez vous.	*Do as if you were at home.*

DIALOGUE IV.

BEFORE DINNER.	**AVANT LE DINÉ.**
A quelle heure dînons-nous aujourd'hui ?	*What time do we dine to-day ?*
Nous devons dîner à quatre heures.	*We are to dine at four o'clock.*
Nous ne dînerons pas avant cinq heures.	*We shall not dine before five.*
Aurons-nous quelqu'un à dîner aujourd'hui ?	*Shall we have any body at dinner to-day?*

Attendez-vous de la compagnie ?	*Do you expect company?*
J'attends M. B**.	*I expect Mr. B**.*
J'attends presque M. et Madame A**.	*I rather expect Mr. and Mrs. A**.*
M. D** a promis de venir, si le temps le permet.	*Mr. D** has promised to come, if the weather permits.*
Avez-vous donné des ordres pour le dîné ?	*Have you given orders for dinner?*
Qu'avez-vous ordonné pour le dîné ?	*What did you order for dinner?*
Qu'avons-nous pour notre dîné ?	*What have we got for our dinner?*
Qu'est-ce que nous aurons pour notre dîné ?	*What shall we have for dinner?*
Avez-vous envoyé acheter du poisson?	*Did you send for any fish?*
Aurons-nous du poisson ?	*Shall we have any fish?*
Je n'ai pas pu avoir de poisson.	*I could not get any fish.*
Il n'y avait pas un poisson au marché.	*There was not a fish in the market.*
Il n'est pas arrivé de poisson aujourd'hui.	*No fish came to-day.*
J'ai peur que nous n'ayons un assez mauvais dîné.	*I fear we shall have a very indifferent dinner.*

Il faudra faire comme nous pourrons.	*We must do as well as we can.*

DIALOGUE V.

DINNER.	LE DINÉ.
Que vous servirai-je ?	*What shall I help you to?*
Voulez-vous un peu de soupe ?	*Do you choose to take a little soup?*
Prendrez-vous de la soupe ?	*Will you take some soup?*
Je vous rends grâces. Je vous demanderai un peu de bœuf.	*I thank you. I will ask you for a little beef.*
Il a si bonne mine.	*It looks so very nice.*
Quel morceau aimez-vous le mieux ?	*What part do you like best?*
De quel côté le couperai-je ?	*Which way shall I cut it?*
Du premier côté venu.	*Any way.*
Voulez-vous du plus cuit, ou du moins cuit ?	*Will you have it well done, or under-done?*
Du plus cuit, s'il vous plaît.	*Rather well done, if you please.*
Du moins cuit, s'il vous plaît.	*Rather under-done, if you please.*
Je l'aime un peu cuit.	*I like it rather well done.*

Je ne l'aime pas trop cuit.	*I do not like it over-done.*
J'aime qu'il ne soit pas trop cuit.	*I like it rather under-done.*
Vous ai-je servi selon votre goût ?	*Did I help you to your liking ?*
Vous ai-je servi le morceau que vous aimez le mieux ?	*Did I help you to the part you like best ?*
J'espère que ce morceau est à votre goût.	*I hope this piece is to your liking.*
Il est excellent.	*It is excellent.*
Maintenant, je vais vous envoyer un morceau de ce pâté.	*Now I am going to send you a piece of this pie.*
Je prendrai par préférence un morceau de ce boudin.	*I had rather have a piece of that pudding.*
Goûtez de l'un et de l'autre.	*Try them both.*
Prenez plutôt un morceau de l'un et de l'autre.	*You had better take some of both.*

DIALOGUE VI.

AT TABLE.	A TABLE.
Messieurs, vous avez des plats devant vous.	*Gentlemen, you have dishes near you.*

Servez-vous.	*Help yourselves.*
Prenez sans façon ce que vous aimez le mieux.	*Take without ceremony what you like best.*
Que vous servirai-je ?	*What shall I send you?*
Que voulez-vous ?	*What will you have?*
Voulez-vous un peu de ce rôti ?	*Will you have a little roast beef?*
Prendrez-vous du rôti ?	*Will you take some roast beef.*
Vous servirai-je un morceau de cet aloyau ?	*Shall I help you to a bit of this sirloin?*
Aimez-vous le rissolé?	*Are you fond of the outside?*
Aimez-vous le gras ?	*Do you like fat?*
Voulez-vous du gras ?	*Do you choose any fat?*
Je ne me soucie pas beaucoup du gras.	*I am not very fond of fat?*
Donnez-moi du maigre, s'il vous plaît.	*Give me some of the lean, if you please.*
Un peu de l'un et de l'autre.	*A little of both.*
Voici un morceau qui je crois vous sera agréable.	*Here is a piece which I hope will please you.*
J'espère que vous trouverez ce morceau de votre goût.	*I hope you will find this piece to your taste.*

DIALOGUE VII.

THE SAME.	MÊME SUJET.
Vous n'avez pas de jus.	*You have no gravy.*
Vous n'avez pas de sauce.	*You have got no sauce.*
Pardonnez-moi, j'en ai suffisamment.	*I have got plenty, I thank you.*
Vous me pardonnerez, j'en ai bien suffisamment.	*I have got as much as I want, I thank you.*
Comment trouvez-vous le rôti ?	*How do you like the roast beef.*
Il est excellent.	*It is very good, indeed.*
Il est délicieux.	*It is delightful.*
Il est fondant.	*It melts in the mouth.*
Je suis charmé qu'il soit de votre goût.	*I am very glad it is to your taste.*
Que prenez-vous avec votre viande ?	*What do you take with your meat?*
Vous servirai-je des légumes ?	*Shall I help you to some vegetables?*
Voici des épinards et des brocolis ?	*Here are spinage and broccoli.*
Voulez-vous des pois, ou du choufleur ?	*Will you have peas, or cauliflower?*
Mangez-vous de la salade ?	*Do you eat salad?*
Voici des pommes de terre et des choux.	*Here are potatoes and greens.*

Voulez-vous du pain blanc, ou du pain bis ? *Will you have white, or brown bread?*

Cela m'est indifférent. *It is quite indifferent to me.*

DIALOGUE VIII.

THE SAME. MÊME SUJET.

Vous présenterai-je un morceau de ceci ? *Shall I help you to a little of this?*

Permettez-moi de vous servir un morceau de ceci. *Give me leave to help you to a piece of this.*

Vous enverrai-je une tranche de ce gigot ? *Shall I send you a slice of this leg of mutton?*

Il paraît excellent. *It seems excellent.*

Il est fort succulent. *It is very juicy.*

Vous n'avez pas mangé de boudin. *You did not eat any pudding.*

Ce fricandeau est délicieux. *This fricandeau is delicious.*

Vous en servirai-je ? *Shall I help you to some of it?*

Je vous en demanderai un très-petit morceau, justement pour en goûter. *I will thank you for a very small piece, just to taste it.*

Ne m'en donnez que bien peu.	*Give me but very little of it.*
Vous êtes un pauvre mangeur.	*You are a poor eater.*
Vous ne mangez rien.	*You eat nothing.*
Je vous demande pardon, je mange fort bien.	*I ask you pardon, I eat very heartily.*
Je fais honneur à votre dîné.	*I do honour to your dinner.*

DIALOGUE IX.

THE SAME.	MÊME SUJET.
Maintenant que pourrais-je vous offrír?	*Now, what can I offer you?*
Je vais vous envoyer un morceau de cette volaille.	*I will send you a bit of this fowl.*
Je vous remercie, je ne prendrai rien davantage.	*Not any thing more, I thank you.*
Un petit morceau de volaille ne peut pas vous faire de mal.	*A little bit of fowl cannot hurt you.*
Donnez m'en donc un très-petit morceau.	*Help me then to a very small piece.*
Apportez une assiette à monsieur.	*Bring a plate to the gentleman.*

Qu'aimez-vous le mieux, la cuisse, ou l'aile ?	*Which do you like best, a leg, or a wing?*
Cela m'est parfaitement égal.	*It is all the same to me.*
Vous m'en donnez beaucoup trop.	*You give me a good deal too much.*
Il n'y en a qu'une bouchée.	*There is but a mouthful.*
Ne m'en donnez que la moitié.	*Give me but half of it.*
Partagez cela en deux.	*Cut that in two.*
La moitié suffira.	*Half of it will be enough.*
Comme cela ?	*So? – Will that do?*
En voilà bien suffisamment.	*Thank you, there is plenty.*
Vous pouvez desservir.	*You may take away.*
Desservez, et apportez-nous du vin.	*Take away, and bring in some wine.*

DIALOGUE X.

TEA.	LE THÉ.
Avez-vous apporté tout ce qu'il faut pour le thé ?	*Have you carried in the tea things?*
Tout est sur la table.	*Every thing is on the table*

L'eau bout-elle ?	*Does the water boil?*
Le thé est tout prêt.	*Tea is quite ready.*
On vous attend.	*They are waiting for you.*
Me voici.	*I am coming.*
Je vous suis.	*I follow you.*
Vous n'avez pas mis de bassin sur la table.	*You have not put a basin on the table.*
Nous n'avons pas assez de tasses.	*We have not cups enough.*
Il nous faut encore deux tasses.	*We want two cups more.*
Apportez encore une cuiller et une soucoupe.	*Bring another spoon, and a saucer.*
Vouz n'avez pas apporté les pinces.	*You have not brought in the sugar-tongs.*
Prenez-vous du sucre?	*Do you take sugar?*
Prenez-vous de la crême ?	*Do you take cream?*
Je vous demanderai encore un peu de lait.	*I will thank you for a little more milk.*
Le thé est si fort.	*The tea is so strong.*
Je puis vous en donner davantage.	*I can give you more.*
Nous en avons abondamment.	*We have got plenty.*
Ne l'épargnez pas.	*Do not spare it.*

DIALOGUE 41.

THE SAME.	MÊME SUJET.
Que prendrez-vous ?	*What will you take?*
Voici des gâteaux et des galettes.	*Here are cakes, and muffins.*
Préférez-vous les tartines ?	*Do you prefer bread and butter?*
Je prendrai une beurrée.	*I shall take a slice of bread and butter.*
Faites encore quelques beurrées.	*Get more bread and butter.*
Je vous demanderai une tartine, s'il vous plaît.	*I will thank you for some bread and butter.*
Passez l'assiette par ici.	*Hand the plate this way.*
Permettez-moi de vous offrir du gâteau.	*Permit me to offer you some cake.*
Vous offrirai-je un morceau de gâteau?	*Shall I help you to a piece of this cake?*
Donnez-m'en un petit morceau, s'il vous plaît.	*Give me a small piece, if you please.*
Permettez-moi de vous en couper encore un morceau.	*Give me leave to cut you another piece.*
Je vous rends bien des grâces.	*Not any more, I thank you.*

Vous ne faites pas de façons ?	*Had you rather not?*
Sans cérémonie, je vous remercie infiniment.	*Much rather not, I am much obliged to you.*
Sonnez, s'il vous plaît.	*Ring the bell, if you please.*
Voulez-vous avoir la bonté de sonner ?	*Will you have the goodness to ring the bell?*
Voulez-vous bien tirer la sonnette ?	*Will you be so kind as to pull the bell?*
Il nous faut encore de l'eau.	*We want more water.*
Faites encore quelques rôties.	*Make more toast.*
Apportez-le le plus tôt possible.	*Bring it in as soon as possible.*
Dépêchez-vous.	*Make haste.*
Emportez l'assiette avec vous.	*Take the plate along with you.*

DIALOGUE XII.

THE SAME.	MÊME SUJET.
Votre thé est-il assez sucré ?	*Is your tea sweet enough?*
Ai-je mis assez de sucre dans votre thé ?	*Have I put sugar enough in your tea?*
Trouvez-vous votre thé assez sucré ?	*Do you find your tea sweet enough?*
Il est excellent.	*It is excellent.*

Je ne l'aime pas tout-à-fait si sucré.	*I do not like it so very sweet.*
Votre thé est très-bon.	*Your tea is very good.*
Voici d'excellent thé.	*This is most excellent tea.*
Où l'achetez-vous?	*Where do you buy it?*
Je l'achète chez...	*I buy it at . . .*
C'est la meilleure boutique pour le café et pour le thé.	*It is the best shop for coffee and tea.*
Avez-vous déjà fini?	*Have you done already?*
Vous en prendrez encore une tasse.	*You will take another cup.*
Vous en prendrez bien encore une tasse.	*You can take another cup.*
Je vais vous en verser une demi-tasse.	*I will pour you half a cup.*
Vous ne me refuserez pas.	*You cannot refuse me.*
Je vous rends mille grâces.	*Much rather not, I thank you.*
J'en ai pris trois tasses, et je n'en prends jamais davantage.	*I have had three cups, and I never drink more.*
Êtes-vous sûr que vous n en prendrez pas davantage?	*Are you sure you won't take any more?*
Êtes-vous bien décidé?	*Are you quite sure?*
Emportez tout cela	*Take away.*

DIALOGUE XIII.

SUPPER.	LE SOUPER.
Voulez-vous rester à souper avec nous?	*Will you stay and sup with us?*
Voulez-vous rester à manger un morceau avec nous?	*Will you stay and take a bit of supper with us?*
Soupez avec nous sans cérémonie.	*Sup with us without ceremony.*
Je vous suis obligé, mais j'ai peur qu'il ne soit trop tard.	*I am obliged to you, but I am afraid it will be too late.*
Nous souperons sur-le-champ.	*We shall sup directly.*
Nous allons souper tout-à-l'heure.	*We are going to sup directly.*
Je vous prie, n'ordonnez rien exprès pour moi.	*Pray do not order any thing on purpose for me.*
Ne faites aucun apprêt pour moi.	*Do not make any preparations for me.*
Du pain et du fromage suffiront.	*A little bread and cheese will be sufficient.*
Nous aurons justement un peu de viande froide, avec quelques huîtres.	*We shall have just a little cold meat, with a few oysters.*
Aimez-vous les huîtres?	*Do you like oysters?*

Je les aime beaucoup.	*I am very fond of them.*
Je vais en envoyer chercher, et nous souperons aussitôt.	*I shall send for some, and we will sup immediately.*
Voici du jambon et du bœuf froid. Que vous présenterai-je d'abord ?	*Here is some ham and cold beef. What shall I offer you first?*
Je mangerai quelques huîtres ?	*I shall eat a few oysters.*
Comment les trouvez-vous ?	*How do you like them?*
Sont-elles bien fraîches ?	*Are they quite fresh?*
Elle sont très-bonnes.	*They are very good.*
N'en prendrez-vous pas encore deux ou trois ?	*Won't you take two or three more?*
Non, je vous rends grâces. Je prendrai, s'il vous plaît, un peu de jambon.	*No, I thank you. I shall take a little ham, if you please.*
Prenez un peu de bœuf avec.	*Take some beef with it.*
Donnez-m'en bien peu.	*Give me very little.*
Voulez-vous un morceau de cette tourte aux pommes ?	*Will you have a piece of this apple-pie?*

Elle a l'air assez bonne.	*It looks pretty good.*
Je ne prendrai rien davantage.	*I cannot take any thing more.*
Je crains que vous n'ayez assez mal soupé.	*I am afraid you have supped very badly.*
J'ai très-bien soupé.	*I have supped very well.*
J'ai parfaitement bien soupé.	*I have done extremely well.*

DIALOGUE XIV.

DRINK.	BOIRE.
Voulez-vous prendre un verre de vin avec moi?	*Will you take a glass of wine with me?*
De tout mon cœur—Volontiers.	*I thank you—Willingly.*
Du quel voulez-vous. Du rouge, ou du blanc?	*Which do you choose, red or white?*
Du rouge, s'il vous plaît.	*Red, if you please.*
Je prendrai du blanc, s'il vous plait.	*I shall take white, if you please.*
Apportez deux verres de vin, un de rouge, et un de blanc.	*Bring two glasses of wine, one of red, and one of white.*
A votre santé, Monsieur.	*Your health, Sir.*

J'ai l'honneur de boire à votre santé.	*I drink your good health.*
Que voulez-vous boire à votre dîné ?	*What do you wish to drink with your dinner ?*
Buvez-vous de la bière ou du porter ?	*Do you drink table beer or porter ?*
Je prendrai par préférence de la bière de table.	*I'd rather have some table beer.*
Je prendrai de la bière, si vous voulez bien	*I shall take some beer, if you please.*
Je préférerai du porter.	*I shall prefer some porter.*
Donnez-moi, s'il vous plaît, un verre de porter.	*Give me a glass of porter, if you please.*
Que pensez-vous de ce porter ?	*What do you think of this porter ?*
N'est-ce pas là d'assez bon porter ?	*Is not this pretty good porter ?*
Ne trouvez-vous pas ce porter assez bon ?	*Don't you think this pretty good porter ?*
Il est excellent.	*Very good, indeed.*
Le mettez-vous en bouteille ?	*Do you bottle it ?*
Combien y a-t-il qu'il est en bouteille ?	*How long has it been in bottle ?*

Je ne me souviens pas d'en avoir jamais bu de meilleur.	*I do not remember ever drinking better.*

DIALOGUE XV.

SCHOOL.	LA CLASSE.
Dites votre leçon.	*Say your task.*
Savez-vous votre leçon ?	*Do you know your task?*
Avez-vous appris votre leçon ?	*Have you learned your task?*
Quelle leçon avez-vous apprise ?	*What task have you learnt?*
Vous ne savez pas votre leçon.	*You do not know your task.*
Vous n'avez pas appris votre leçon.	*You have not learned your task.*
Vous ne pouvez pas dire votre leçon.	*You cannot say your task.*
Pouvez-vous dire votre leçon ?	*Can you say your task?*
Je ne puis pas encore la dire.	*I cannot say it yet.*
Je puis la dire.	*I can say it.*
Je crois que oui.	*I think I can.*
Je ne crois pas que je le puisse.	*I don't think I can.*
Je ne puis le dire sans faute.	*I cannot say it perfectly.*

Pourquoi n'avez-vous pas appris votre leçon ?	*Why did you not learn your task ?*
J'ai oublié de l'apprendre.	*I forgot to learn it.*
Je l'ai apprise hier au soir.	*I learned it last night.*
Je pouvais la dire hier.	*I could say it yesterday.*
Elle est trop difficile.	*It is too difficult.*
Je n'ai pas pu l'apprendre.	*I could not learn it.*
Je n'ai pas eu le tems de l'apprendre.	*I have not had time to learn it.*
Rapprenez-la.	*Learn it again.*
Je la saurai sans faute demain.	*I shall get it perfectly against to-morrow.*

DIALOGUE XVI.

IN THE SCHOOL.	DANS LA CLASSE.
Où m'assiérai-je!	*Where shall I sit?*
Où faut-il que je m'asseye ?	*Where am I to sit ?*
Asseyez-vous à côté de moi.	*Sit by me.*
Asseyez-vous sur le banc.	*Sit upon the bench.*
Asseyez-vous un peu plus haut.	*Sit a little higher up.*
Asseyez-vous un peu plus bas.	*Sit a little lower down.*

Asseyez-vous plus loin.	*Sit further.*
Allez-vous asseoir à votre place.	*Go and sit down in your place.*
Ne faites point de bruit.	*Do not make a noise.*
Ne faites point tant de bruit.	*Don't make such a noise.*
Ne faites pas remuer la table.	*Do not shake the table.*
Pourquoi faites-vous remuer la table?	*Why do you shake the table?*
Prêtez-moi votre plume.	*Lend me your pen.*
Prêtez-moi votre canif.	*Lend me your pen-knife.*
J'ai perdu mon livre.	*I have lost my book.*
Je ne saurais trouver mon cahier.	*I cannot find my copy-book.*
Où l'avez-vous laissé?	*Where did you leave it?*
Je l'avais laissé sur ma tablette.	*I had left it on my shelf.*
Le voici.	*Here it is.*
Il est sur la table.	*It is upon the table.*
Vous l'avez laissé dans votre caisse.	*You have left it in your box.*
Allez le quérir.	*Go and fetch it.*
L'avez-vous?	*Have you got it?*
Cherchez-le.	*Look for it.*
Allez le chercher.	*Go and look for it.*

Je l'ai trouvé.	*I have found it.*
Où était-il?	*Where was it?*
Il était sous le banc.	*It was under the bench.*

DIALOGUE XVII.

MAKING A PEN.	TAILLER UNE PLUME.
Pouvez-vous me prêter votre canif?	*Can you lend me your penknife?*
Voulez-vous avoir la bonté de me prêter votre canif?	*Will you have the goodness to lend me your penknife?*
Pour quoi faire?	*What do you want it for?*
Qu'en voulez-vous faire?	*What do you want to do with it?*
J'en ai besoin pour tailler une plume.	*I want it to make a pen.*
Je voudrais tailler une plume.	*I want to make a pen.*
Je voudrais tailler ma plume.	*I want to make my pen.*
Ma plume ne vaut rien.	*My pen is good for nothing.*
Je voudrais la retailler.	*I want to make it again.*
Elle a besoin d'être raccommodée.	*It wants mending.*
Pourquoi ne vous servez-vous pas de votre canif?	*Why don't you use your penknife?*

Il ne coupe pas.	*It does not cut.*
Il est émoussé.	*It is blunt.*
Il n'a pas de fil.	*It has no edge.*
Il a besoin d'être repassé.	*It wants setting.*
Je ne saurais me servir du mien.	*I cannot make use of mine.*
Il est entièrement gâté.	*It is entirely spoilt.*

DIALOGUE XVIII.

THE SAME.	MÊME SUJET.
Voulez-vous que je vous taille votre plume?	*Shall I make your pen for you?*
Je vous serai bien obligé.	*I thank you.*
Si cela ne vous donne pas trop de peine.	*If it is not too much trouble for you.*
La peine n'est rien.	*No trouble at all.*
Voulez-vous qu'elle soit dure, ou molle?	*Will you have it hard, or soft?*
L'aimez-vous dure, ou molle?	*Do you like it hard, or soft?*
J'aime qu'elle soit dure.	*I like it hard.*
Je ne l'aime pas tout à fait si dure.	*I do not like it quite so hard.*
La voici. Essayez-la.	*Here it is. Try it.*

Comment la trouvez-vous ?	*How do you like it?*
Elle est un peu trop grosse.	*It is rather too broad*
Elle est trop fine.	*It is too fine.*
Elle n'est pas assez fendue.	*It is not slit enough.*
Le bec est un peu trop long.	*The slit is rather too long.*
Essayez-la encore.	*Try it again.*
Elle est excellente.	*It is excellent.*
Je vous suis infiniment obligé.	*I am very much obliged to you.*
Cela est bien à votre service.	*You are very welcome.*

DIALOGUE XIX.

TO WRITE A LETTER.	ÉCRIRE UNE LETTRE.
Avez-vous du papier à lettre ?	*Have you got any post-paper?*
'en ai une main tout entière.	*I have a whole quire.*
En avez-vous besoin ?	*Do you want any?*
Obligez-moi de m'en prêter une feuille.	*Oblige me by lending me a sheet.*
'ai une lettre à écrire ce soir.	*I have a letter to write this evening.*
Est-elle pour la poste?	*Is it for the post?*

Oui. Il faut qu'elle parte aujourd'hui.	*Yes. It must go to-day.*
Vous n'avez pas de temps à perdre, car il est déjà bien tard.	*You have no time to spare, for it is very late already.*
Je ne serai pas long temps.	*I shall not be long.*
A quel jour sommes-nous du mois ?	*What day of the month is this ?*
Quel jour du mois avons-nous ?	*What day of the month have we ?*
Quel est le quantième du mois ?	*What is the day of the month ?*
Quel est aujourd'hui le jour du mois ?	*What day of the month is it to-day ?*
C'est aujourd'hui le premier, le second, le trois, le quatre . .	*To-day is the first, the second, the third, the fourth . . .*
Maintenant je n'ai plus que l'adresse à écrire.	*Now, I have only the direction to write.*
La lettre n'est pas cachetée.	*The letter is not sealed.*
Il n'y a pas de cire.	*There is no sealing wax.*
Apportez-moi un pain à cacheter.	*Bring me a wafer.*
Je ne saurais trouver mon cachet.	*I cannot find my seal.*

Qu'est devenu mon cachet ?	*What is become of my seal?*
Qu'ai-je fait du cachet ?	*What have I done with the seal?*
Je l'ai trouvé.	*I have found it.*
Je l'ai.	*I have got it.*
Maintenant j'ai fini.	*Now I have done.*
Portez cette lettre à la poste.	*Carry this letter to the post-office.*

DIALOGUE XX.

MARKETING.	ACHETER.
Il faut que vous alliez au marché.	*You must go to market.*
Voyez de quel prix sont les canards et les poulets.	*See how ducks and fowls sell to-day.*
Tâchez d'en trouver une bonne couple.	*Try to get a couple of nice ones.*
Vous faut-il des œufs aujourd'hui ?	*Do you want any eggs to-day?*
Oui. Achetez des œufs et du beurre.	*Yes. Buy some eggs, and some butter.*
Combien de livres de beurre ?	*How many pounds of butter?*
Prenez-en trois livres, s'il est bon.	*Take three pounds, if it is good.*
En allant au marché, passez chez le boucher.	*As you go to market, call at the butcher's.*

Quelle viande commanderai-je aujourd'hui ?	*What meat shall I order to-day ?*
Qu'il envoie un rond de bœuf pour saler.	*Let him send a round of beef to salt.*
Un aloyau, ou deux ou trois côtes de bœuf, et un gigot de mouton.	*A sirloin, or two or three ribs of beef, and a leg of mutton.*
Une poitrine, ou une longe de veau, et un quartier d'agneau.	*A breast, or a loin of veal, and a quarter of lamb.*
Une culotte de bœuf, et une épaule de mouton.	*A rump of beef, and a shoulder of mutton.*
Une tête, et une rouelle de veau.	*A calf's head, and a fillet of veal.*
Un collet de mouton, et un gigot d'agneau.	*A neck of mutton, and a leg of lamb.*
Demandez-lui s'il a un bon riz de veau.	*Ask him whether he has got a good sweetbread.*
S'il n'en a pas, prenez-le ailleurs.	*If he has not, get it somewhere else.*
Voyez s'il a une bonne langue de bœuf.	*See whether he has got a nice tongue.*
Qu'il envoie cela sur-le-champ.	*Let him send it down directly.*

Dites-lui d'envoyer aussi son mémoire.	*Tell him to send the bill with it.*

DIALOGUE XXI.

ORDERS FOR DINNER.	ORDRES POUR LE DINÉ.
Que voulez-vous pour votre dîné aujourd'hui ?	*What will you have for your dinner to-day ?*
Voyons.	*Let us see.*
Qu'est-ce que nous avons dans la maison ?	*What have we got in the house ?*
Nous avons un rond de bœuf dans le sel.	*We have got a round of beef in salt.*
Combien y a-t-il qu'il est dans le sel ?	*How long has it been in salt ?*
Il y a justement aujourd'hui une semaine.	*It has been just a week to-day.*
Le croyez-vous assez salé ?	*Do you think it is salted enough ?*
J'ai peur qu'il n'ait pas entièrement pris le sel.	*I am afraid it is not salted through.*
Il faut le laisser encore deux ou trois jours.	*We must keep it two or three days longer.*

Quel morceau avons-nous pour rôtir ?	*What joint have we got to roast ?*
Le boucher a envoyé un gigot d'agneau.	*The butcher has sent in a leg of lamb.*
Donnez-nous-le avec des grillades de bœuf, et une salade.	*Let us have it with beef-steaks, and salad.*
Ferai-je bouillir des choux, ou des épinards ?	*Shall I boil greens, or spinage ?*
Non. Faites bouillir des pois et des pommes de terre.	*No. Boil some peas, and potatoes.*
Quel boudin voulez-vous ?	*What pudding will you have ?*
Faites un boudin aux groseilles molles, et une tourte aux cerises.	*Make a gooseberry pudding, and a cherry pie.*
A quelle heure voulez-vous dîner ?	*What time will you have your dinner ?*
Faites-nous dîner à quatre heures.	*Let us have our dinner at four.*
Que le dîné soit prêt à quatre heures.	*Let the dinner be ready by four.*

DIALOGUE XXII.

FISH.	**LE POISSON.**
Avez-vous été à la poissonnerie ?	*Have you been to the fish-market ?*

J'en viens.	*I just come from thence.*
Y a-t-il du poisson ?	*Is there any fish?*
Il y a bien peu de poisson aujourd'hui.	*There is very little fish to-day.*
Il n'y a presque pas de poisson.	*There is hardly any fish.*
Il y a beaucoup de poisson aujourd'hui.	*There is plenty of fish to-day.*
Il y a une très-belle poissonnerie.	*There is a full market.*
Quelle sorte de poisson y a-t-il ?	*What sort of fish is there?*
Il y a du hareng et du merlan.	*There are herrings and whitings.*
Il y a de la raie, du saumon, de la morue, et beaucoup de poisson plat.	*There is skate, salmon, cod, and a good deal of flat fish.*
Il y a des soles, des turbots, et une grande quantité de maquereaux.	*There are soles, turbots, and a great quantity of mackerel.*
Avez-vous marchandé le maquereau ?	*Did you ask the price of mackerel?*
Combien vend-on le maquereau ?	*How do they sell mackerel?*
Il se vend selon la grosseur.	*They sell it according to the size.*

On en donne trois pour un chelin.	*There are three for a shilling.*
Y a-t-il du coquillage?	*Is there any shell-fish?*
Il y a des crevettes, de la salicoque, des cancres, et quelques homards.	*There are shrimps, prawns, crabs, and a few lobsters.*
Prenez pour deux chelins de maquereaux.	*Get two shillings worth of mackerel.*
Ayez soin qu'il y en ait de laités, et d'œuvés.	*See that there are some with soft roes, and some with hard roes.*
Apportez une douzaine de salicoques, si elles sont bien fraîches.	*Bring a dozen of prawns, if they are very fresh.*
Marchandez les soles.	*Ask the price of soles.*
Si elles ne sont pas trop chères, prenez-en une paire d'une bonne taille.	*If they are not too dear, buy a pair of a good size.*

DIALOGUE XXIII.

THE WATCH.	LA MONTRE
Savez-vous quelle heure il est?	*Do you know what o'clock it is?*
Je ne sais pas au juste.	*I don't know exactly.*
Je ne saurais vous dire exactement.	*I cannot tell you exactly.*

Regardez à votre montre.	*Look at your watch.*
Elle n'est pas montée.	*It is not wound up.*
J'ai oublié de la monter.	*I forgot to wind it up.*
Elle ne va pas.	*It does not go.*
Elle s'est arrêtée.	*It has stopt.*
Quelle heure est-il à la vôtre?	*What o'clock is it by you?*
La vôtre va-t-elle bien?	*Does yours go well?*
La mienne ne va pas bien.	*Mine does not go well.*
Elle n'est pas à l'heure.	*It is not right.*
Elle est en avance.	*It is too fast.*
Elle est en retard.	*It is too slow.*
Elle est dérangée.	*It is out of order.*
Elle s'arrête de temps en temps.	*It stops now and then.*
Elle retarde.	*It goes too slow.*
Elle avance.	*It goes too fast.*
Elle retarde d'un quart d'heure par jour.	*It loses a quarter of an hour every day.*
Elle avance tous les jours d'une demi-heure.	*It gains half an hour every day.*
Il y a quelque chose de dérangé.	*Something is out of order in it.*

Il y a quelque chose de cassé.	*Something is broken in it.*
Le grand ressort est cassé.	*The main spring is broken.*
Je crois que la chaîne est rompue.	*I think the chain is broken.*
Faites-la raccommoder.	*Have it mended.*
Il faut la faire raccommoder.	*You must get it mended.*
Je vais l'envoyer chez l'horloger.	*I am going to send it to the watch-maker.*
Vous ferez très-bien.	*You will do very well.*

DIALOGUE XXIV.

MORNING.	LE MATIN.
Vous voilà levé!	*You are up!*
Vous êtes déjà levé!	*You are up already!*
Il y a une heure que je suis levé.	*I have been up this hour.*
Vous vous êtes levé de grand matin.	*You got up very early.*
Je me lève ordinairement de bonne heure.	*I commonly rise early.*
C'est une fort bonne habitude.	*It is a very good habit.*
Cela est très-bon pour la santé.	*It is very good for the health.*
Comment avez-vous dormi cette nuit?	*How did you sleep last night?*

Comment avez-vous dormi ?	*How have you slept ?*
Avez-vous bien dormi ?	*Did you sleep well ?*
Très-bien. J'ai dormi tout d'un somme. Je n'ai fait qu'un somme.	*Very well. I never awoke all night.*
J'ai dormi sans me reveiller.	*I slept without waking.*
Et vous, avez-vous bien reposé?	*And you, how did you rest ?*
Pas très-bien.	*Not very well.*
Je n'ai pas très-bien dormi.	*I did not sleep very well.*
Je n'ai pas pu dormir.	*I could not sleep.*
Je n'ai pas pu fermer l'œil.	*I could not sleep a wink.*
Je n'ai pas fermé l'œil de toute la nuit.	*I never closed my eyes all night.*

DIALOGUE XXV.

THE SAME.	MÊME SUJET.
Voici une belle matinée.	*This is a fine morning.*
Quel beau jour !	*What a beautiful day!*
Superbe.	*Delightful.*
Que pensez-vous d'un tour de promenade ?	*What do you think of taking a little walk?*

Aurons-nous assez de temps avant le déjeûné ?	*Shall we have time before breakfast ?*
Nous avons tout le temps.	*We have plenty of time.*
On ne déjeûnera pas avant une heure d'ici.	*They won't breakfast this hour.*
Nous avons une grande heure à nous.	*We have full an hour before us.*
Hé bien, allons prendre un peu l'air.	*Well, let us go for a little airing.*
Cela nous ouvrira l'appétit.	*It will sharpen our appetite.*
La promenade nous donnera de l'appétit.	*The walk will give us an appetite.*
La promenade nous aiguisera l'appétit.	*The walk will give an edge to our appetite.*

DIALOGUE XXVI.

EVENING.	LE SOIR.
Il commence à se faire tard.	*It begins to grow late.*
Il est bientôt temps d'aller se coucher.	*It is almost time to go to bed.*
M. A** n'est pas encore rentré.	*Mr. A** is not come home yet.*
Je ne crois pas qu'il soit long-temps.	*I don't think he will be long.*

Je crois qu'il ne sera pas long-temps.	*I think he will not be long.*
Je suis presque sûr qu'il ne sera pas long-temps.	*I dare say he will not be long.*
Voici à peu près son heure.	*This is about his time.*
Il rentre ordinairement de bonne heure.	*He generally keeps good hours.*
J'entends frapper.	*I hear a knock.*
C'est probablement lui qui frappe.	*Very likely it is he that knocks.*
Allez voir.	*Go and see.*
Justement. C'est lui.	*Just so. It is he.*
J'espère que je ne vous ai pas fait attendre.	*I hope I have not made you wait.*
Point du tout. Il n'est que dix heures.	*Not in the least. It is but ten o'clock.*
Nous ne nous couchons jamais avant dix heures et demie.	*We never go to bed before half past ten.*
Je suis arrivé à temps.	*I come just in time.*

DIALOGUE XXVII.

THE SAME.	MÊME SUJET.
Comment avez-vous trouvé votre promenade ce soir ?	*How did you find your walk to-night ?*

Délicieuse — très-agréable.	*Delightful — Very pleasant.*
Il fait une soirée charmante.	*It is a charming evening.*
N'êtes-vous point fatigué ?	*Are you not tired?*
Pas beaucoup.	*Not much.*
Ne voulez-vous pas vous reposer un instant ?	*Won't you rest yourself a little?*
Je vous suis obligé. Je m'en vais me coucher.	*No, I thank you. I shall go to bed.*
Il n'est pas tard.	*It is not late.*
Il est encore de bonne heure.	*It is not late yet.*
Il est l'heure de se coucher.	*It is time to go to bed.*
Je n'aime pas à me coucher tard.	*I do not like to go to bed late.*
J'aime à me coucher de bonne heure.	*I like to go to bed in good time.*
Je vous souhaite une bonne nuit.	*I wish you a good night.*
Je vous le souhaite pareillement.	*I wish you the same.*
Je vous souhaite un bon repos	*I wish you a good night's rest.*

DIALOGUE XXVIII.

WINTER.	L'HIVER.
Nous voici dans l'hiver.	*It is winter.*
Voilà l'hiver arrivé.	*Winter is come.*
Je voudrais que l'hiver fût déjà passé.	*I wish the winter was over already.*
Pour moi, j'aime autant l'hiver que l'été.	*As for me, I like winter as well as summer.*
Vous êtes le seul de cette opinion.	*You are the only one of that opinion.*
Comment peut-on aimer l'hiver.	*How can any one like winter?*
Les jours sont si courts, et le froid est si insupportable.	*The days are so short, and the cold is so insupportable.*
On n'est bien qu'auprès du feu.	*One is not well but by the fire-side.*
Savez-vous patiner?	*Can you skait?*
Avez-vous patiné cette année?	*Have you skaited this year?*
Pourra-t-on patiner aujourd'hui?	*Will they be able to skait to-day?*
La glace ne porte pas.	*The ice does not bear.*
Vous souvenez-vous de l'année du grand hiver?	*Do you remember the hard frost?*

Oui; il faisait excessivement froid?	*Yes; it was excessively cold.*
La gelée dura deux mois et demi.	*The frost lasted two months and a half.*

DIALOGUE XXIX.

SPRING.	LE PRINTEMPS.
Nous n'avons pas eu d'hiver cette année.	*We have had no winter this year.*
Il fait un temps de printemps.	*It is spring weather.*
Il fait aujourd'hui un jour d'été.	*To day is a summer-day.*
Il me tardait d'être au printemps.	*I longed for the spring.*
C'est la saison que j'aime le mieux.	*It is the season I like best.*
C'est la plus agréable de toutes les saisons.	*It is the most pleasant of all seasons.*
Tout rit dans la nature.	*Every thing smiles in nature.*
Tout semble renaître.	*Every thing seems to revive.*
Tous les arbres sont blancs de fleurs.	*All the trees are white with bloom.*
Si le temps est favorable, il y aura bien du fruit cette année.	*If the weather proves favourable, there will be plenty of fruit this year.*

Tous les fruits à noyau ont manqué.	*All the stone-fruits have failed.*
La saison est bien avancée.	*The season is very forward.*
La saison est bien retardée.	*The season is very backward.*
Tout est retardé.	*Every thing is backward.*
Rien n'est avancé.	*Nothing is forward.*

DIALOGUE XXX.

SUMMER.	L'ÉTÉ.
Je crains que nous n'ayons un été bien chaud.	*I fear we shall have a very hot summer.*
Nous n'avons point eu d'été cette année.	*We have had no summer this year.*
On se chauffait encore au mois de Juillet.	*We had a fire even in the month of July.*
On dirait que toutes les saisons sont renversées.	*One would think that the order of the seasons is inverted.*
On a déjà fauché les prés.	*The meadows are mowed already.*
On fait les foins.	*Hay-making has begun.*
Il y aura beaucoup de foin.	*There will be a great deal of hay.*

On a commencé la moisson.	*They have begun the harvest.*
La récolte sera abondante.	*The crop will be plentiful.*
Il y a déjà des blés de coupés.	*There is wheat cut down already.*
Tout le blé sera rentré la semaine prochaine.	*All the wheat will be housed next week.*
Nous avons un été bien chaud.	*We have a very hot summer.*
Il n'est pas étonnant qu'il fasse si chaud, nous sommes dans la canicule.	*No wonder it is so warm, we are in the dog-days.*

DIALOGUE XXXI.

AUTUMN.	L'AUTOMNE.
Voilà l'été passé.	*Summer is over.*
Nous n'aurons plus que quelques beaux jours par-ci par-là.	*We shall only have a few fine days now and then.*
Les feuilles commencent à tomber.	*The leaves begin to fall.*
Les matinées commencent à être froides.	*The mornings begin to be cold.*
Nous avons déjà fait du feu.	*We have had a fire already.*
Le feu commence à faire plaisir.	*Fire begins to be comfortable.*

Le feu commence à être de saison.	*Fire begins to be seasonable.*
Le feu est un bon compagnon.	*Fire is a good companion.*
Voilà les jours bien diminués.	*The days are shortened very much.*
Les jours sont bien accourcis.	*The days are much shortened.*
Les soirées sont longues.	*The evenings are long.*
On n'y voit plus à cinq heures.	*One cannot see at five o'clock.*
On n'y voit presque plus à quatre heures du soir.	*It is hardly daylight at four in the evening.*
Il est tout d'un coup nuit.	*It is soon dark.*
L'hiver approche.	*Winter draws near.*
Dans trois semaines les jours seront au plus bas.	*We shall have the shortest day in three weeks.*
Je voudrais déjà être à Noël.	*I wish it was Christmas already.*
Les jours commencent à croître.	*The days begin to lengthen.*

DIALOGUE XXXII.

CHANGE OF MONEY.	**CHANGER DE L'ARGENT.**
Avez-vous de l'argent blanc?	*Have you got any silver?*

J'ai besoin de la monnaie d'une guinée.	*I want change for a guinea.*
Avez-vous la monnaie d'une guinée ?	*Have you got change for a guinea ?*
Pouvez-vous me changer une guinée ?	*Can you change me a guinea ?*
Pouvez-vous me donner la monnaie d'une guinée ?	*Can you give me change for a guinea ?*
Je ne crois pas.	*I don't think I can.*
Je n'ai pas de monnaie sur moi.	*I have got no change about me.*
Je n'ai pas assez d'argent blanc.	*I have not got silver enough.*
Allez la changer dans la boutique voisine.	*Go and get it changed at the next shop.*
Je m'en vais essayer.	*I am going to try.*
L'avez-vous changée?	*Have you got it changed ?*
Oui, en voici la monnaie.	*Yes, here is the change.*
Ce sont tous chelins.	*They are all shillings.*
Sont-ils tous bons ?	*Are they all good ?*
Je pense que oui. Vous pouvez les examiner.	*I believe they are. You may look at them.*
Ce chelin-ci est-il bon ?	*Is this shilling a good one ?*
Celui-ci ne paraît pas bon.	*This does not seem a good one.*

Il n'a pas l'air bon.	*It does not look well.*
Que je le voie.	*Let me look at it.*
Faites-le sonner.	*Sound it.*
Il n'a pas bon son— Il ne sonne pas bien.	*It does not sound well.*
Je le crois mauvais.	*I think it is a bad one.*
Je crois qu'il ne vaut rien.	*I think it is good for nothing.*
Reportez-le. Je ne pense pas qu'il soit bon.	*Take it back. I don't think it is good.*
Il court beaucoup de fausse monnaie.	*There is a good deal of bad money about.*

DIALOGUE XXXIII.

INQUIRING ON A ROAD.	DEMANDER UNE ROUTE.
Quel est, je vous prie, le chemin pour aller à . . . ?	*Pray which is the way to go to . . . ?*
Quel est le plus court chemin pour aller à . . . ?	*Which is the shortest way to go to . . . ?*
Est-ce ici le chemin de . . . ?	*Is this the way to . . . ?*
Pouvez-vous me dire si cette route conduit à . . . ?	*Can you tell me whether this road leads to . . . ?*

Cette route-ci ne conduit-elle pas à ... ?	*Does not this road lead to ... ?*
N'est-ce pas ici le chemin de ... ?	*Is not this the way to .... ?*
Où conduit cette route ... ?	*Where does this road lead to ?*
Est-ce ici le chemin pour aller à ... ?	*Is this the right way to go to ... ?*
Ne suis-je pas dans la route de ... ?	*Am I not in the road to ... ?*
Vous êtes dans le vrai chemin.	*You are in the right way.*
Vous n'êtes pas dans le vrai chemin.	*You are not in the right way.*
Vous êtes entièrement hors du chemin.	*You are quite out of the way.*

DIALOGUE XXXIV.

THE SAME.	MÊME SUJET.
De quel côté faut-il que j'aille ?	*Which way am I to go ?*
Allez droit devant vous.	*Go straight before you.*
Vous trouverez une ruelle sur votre gauche.	*You will find a lane on your left hand.*
Suivez cette ruelle, elle vous conduira dans la grande route.	*Take that lane, it will carry you to the main road.*

Vous ne pouvez pas vous tromper de chemin.	*You cannot mistake your way.*
Combien peut-il y avoir d'ici?	*How far may it be from here?*
Un mille, ou à peu près.	*One mile, or thereabouts.*
Environ un mille — A peu près un mille.	*About a mile.*
Il peut y avoir un mille.	*It may be one mile.*
Il n'y a pas plus d'un mille.	*It is not more than one mile.*
Il y a à peine un mille.	*It is hardly one mile.*
Il y a un bon mille— Il y a un grand mille d'ici.	*There is full one mile from here.*
Il y a un peu plus d'un mille.	*There is little better than one mile.*
Il n'y a guère moins de trois milles.	*There is little less than three miles.*

DIALOGUE XXXV.

INQUIRING AFTER A PERSON.	S'INFORMER D'UNE PERSONNE.
Connaissez-vous ici M. ** ?	*Do you know Mr. ** in this place?*

Connaissez-vous une personne du nom de** ?	*Do you know a person of the name of** ?*
N'y a-t-il pas une personne du nom de** qui demeure en cette ville ?	*Is there not a person of the name of ** living in this place ?*
ne demeure-t-il pas par ici une personne qui se nomme ** ?	*Is there not living about here a person who is named ** ?*
Je ne connais personne de ce nom.	*I don't know any body of that name.*
Je crois que oui.	*I believe there is.*
Oui. Il y a quelqu'un de ce nom.	*Yes. There is a person of that name.*
Le connaissez-vous ?	*Do you know him ?*
Je le connais parfaitement.	*I know him perfectly well.*
Pouvez-vous me dire où il demeure ?	*Can you tell me where he lives ?*
Où demeure-t-il ?	*Where does he live ?*
De quel côté demeure-t-il ?	*Whereabout does he live ?*
Il demeure près de la poissonnerie.	*He lives near the fish-market.*
Il demeure dans telle rue.	*He lives in such a street.*
Est-ce loin d'ici ?	*Is it far from here ?*
Il n'y a que deux pas d'ici ?	*There is but two steps from here.*

Ce n'est qu'à deux pas d'ici.	*It is but a very little way.*
Pouvez-vous m'enseigner sa maison.	*Can you direct me to his house?*
Je vais moi-même de ce côté-là.	*I am going that way myself.*
Je vous montrerai où il demeure.	*I will show you where he lives.*
Je vous montrerai sa maison.	*I will show you his house.*

DIALOGUE XXXVI.

NEEDLE-WORK.	TRAVAIL A L'AIGUILLE.
J'ai besoin d'une aiguille.	*I want a needle.*
Qu'est-ce que vous allez coudre ?	*What are you going to sew?*
Je vais raccommoder ma robe.	*I am going to mend my gown.*
Cette aiguille est trop grosse.	*This needle is too large.*
En voici une autre.	*Here is another.*
Celle-ci est trop fine.	*This is too small.*
Donnez-moi du fil, de la soie, du coton, de la laine.	*Give me some thread, some silk, some cotton, some worsted.*
Quelle couleur vous faut-il ?	*What colour do you want?*
Il me faut du rouge.	*I want some red.*

Pour quoi est-ce faire ?	*What is it for?*
Pour coudre mon collet.	*To stitch my collar.*
Est-ce là la couleur qu'il vous faut ?	*Is this the colour you want?*
Cette couleur n'ira pas.	*This colour will not do.*
Elle est trop foncée.	*It is too deep.*
Elle est trop claire.	*It is too light.*
Elle ira très-bien.	*It will do very well.*
Avez-vous fini votre tablier ?	*Have you finished your apron?*
Pas tout-à-fait.	*Not quite.*
J'ai eu autre chose à faire.	*I have had something else to do.*
Qu'avez - vous eu à faire ?	*What have you had to do?*
J'ai ourlé mon mouchoir.	*I have been hemming my handkerchief.*
Ensuite, j'ai eu mes gants à coudre.	*Then I had my gloves to sew.*
Après cela j'ai fait une rentraiture a mon tablier de mousseline.	*After that I have darned my muslin apron.*
En vérité, vous avez été bien occupée.	*Indeed you have been very busy.*

DIALOGUE XXXVII.

FIRE.	LE FEU.
Le feu est bien bas.	*The fire is very low.*
Voici un pauvre feu.	*Here is a poor fire.*
Voici un bien mauvais feu.	*Here is a very bad fire.*
Vous n'avez pas eu soin du feu.	*You have not taken care of the fire.*
Vous n'avez pas entrenu le feu.	*You have not kept the fire up.*
Vous avez laissé tomber le feu.	*You have let the fire go down.*
Vous avez laissé éteindre le feu.	*You have let the fire out.*
Il n'est pas tout-à-fait éteint.	*It is not quite out.*
Il faut qu'il soit rallumé.	*It must be lighted up again.*
Venez raccommoder le feu.	*Come and make up the fire.*
Que cherchez-vous ?	*What do you look for?*
Je cherche les pincettes.	*I am looking for the tongs.*
Les voici dans le coin.	*Here they are in the corner.*
Où est le soufflet ?	*Where are the bellows?*
Allez quérir le soufflet.	*Go and fetch the bellows.*
Soufflez le feu.	*Blow the fire.*

Soufflez-le doucement.	*Blow it gently.*
Ne soufflez pas si fort.	*Do not blow so hard.*
Mettez quelques copeaux en-dessus.	*Put a few shavings on the top.*
Maintenant mettez deux ou trois morceaux de bois.	*Now put on two or three pieces of wood.*
Il va prendre dans un instant.	*It will soon draw up.*

DIALOGUE XXXVIII.

THE SAME.	MÊME SUJET.
Y a-t-il du charbon dans le panier ?	*Are there any coals in the scuttle?*
Prenez la pelle, et mettez du charbon.	*Take the shovel and put on some coals.*
N'en mettez pas trop à la fois.	*Do not put too many at a time.*
Si vous mettez trop de charbon, vous éteindrez le feu.	*If you put too many coals, you will put the fire out.*
Vous avez presque étouffé le feu.	*You have almost smothered the fire.*
Soulevez-le avec le fourgon, cela lui donnera un peu d'air.	*Raise it up with the poker, it will give it a little air.*
Laissez le fourgon dedans, et il brûlera bientôt.	*Leave the poker in, and it will soon burn up.*

Il va brûler dans un instant.	*It will burn up presently.*
Il commence à flamber.	*It begins to blaze.*
Maintenant voici un bon feu.	*Now the fire is very good.*
Vous l'avez très-bien raccommodé.	*You have made it up very well.*

DIALOGUE XXXIX.

FRUIT.	LES FRUITS.
Voulez-vous faire un tour dans le jardin?	*Should you like to take a turn in the garden?*
Volontiers.	*Willingly.*
J'aime beaucoup les jardins.	*I am very fond of gardens.*
Les arbres ont fini de fleurir.	*The trees have done blowing.*
Les pruniers promettent beaucoup cette année.	*There is a great show of plums this year.*
Les prunes commencent à nouer.	*The plums begin to set.*
Elles sont nouées.	*They are set.*
Quelle quantité il y en a!	*How thick they hang!*
Elles sont beaucoup trop drues.	*They are a good deal too thick.*

Il y en a beaucoup trop.	*There are a good deal too many.*
Elles ont besoin d'être éclaircies.	*They want thinning.*
Il y aura très-peu d'abricots cette année.	*There will be very few apricots this year.*
Ils ont généralement manqué.	*They have generally failed.*
Que ces pêches ont bonne mine !	*How tempting these peaches look !*
Vous avez beaucoup de brugnons.	*You have got plenty of nectarines.*
Cet arbre-ci en donne une grande quantité tous les ans.	*This tree bears a great many every year.*
Cet arbre donne beaucoup de fruit.	*This tree is a great bearer.*
Les cerises et les fraises sont maintenant en pleine saison.	*Cherries and strawberries are now in their prime.*
Elles seront bientôt passées.	*They will soon be over.*
Ce raisin est tout-à-fait mûr.	*These grapes are quite ripe.*
J'en ai eu de mûr il y a huit jours.	*I had some ripe a week ago.*
Il est bien précoce.	*They are very early.*
Cette vigne est dans une belle exposition.	*This vine lies in a fine aspect.*

Comment sont les arbres dans votre verger ?	*How are the trees in your orchard ?*
Ils sont chargés de fruit.	*They are loaded with fruit.*

DIALOGUE XL.

FLOWERS.	LES FLEURS.
Vous n'avez pas vu mes fleurs.	*You have not seen my flowers.*
Venez voir mes fleurs.	*Come and see my flowers.*
Elles sont superbes.	*They are beautiful.*
Le jardin commence à présenter un joli coup d'œil.	*The garden begins to look pleasant.*
Les fleurs viennent en abondance.	*The flowers come up apace.*
Il y a quelque temps que le saffran est en fleur.	*The crocuses have been in bloom some time.*
Les narcisses fleuriront bientôt.	*The daffodils will soon come out.*
Vos tulipes sont-elles fleuries ?	*Are your tulips blown?*
Oui. Nous les verrons dans un moment.	*Yes. We shall see them presently.*
Quelle superbe planche vous en avez !	*What a fine bed you have of them !*

Les jacinthes sont presque passées.	*The hyacinths are almost over.*
Quelle fleur est-ce là?	*What flower is this?*
Comment nommez-vous cette fleur?	*How do you call this flower?*
Quelle belle ravenelle double!	*What a beautiful double wallflower!*
Voici une superbe giroflée double!	*Here is a fine double stock-gilliflower!*
Aimez-vous les œillets?	*Are you fond of carnations?*
Oui. Mais je n'en aime pas l'odeur.	*Yes. But I don't like the smell.*
En voici d'assez beaux.	*Here are some pretty fine ones.*
Vous n'avez pas vu mes renoncules.	*You have not seen my ranunculuses.*
Elles sont de toute beauté.	*They are very beautiful.*
Vous avez une superbe collection de fleurs.	*You have a very fine collection of flowers.*
Vous tenez votre jardin bien propre.	*You keep your garden very clean*
Votre jardin est parfaitement bien tenu..	*Your garden is perfectly well kept.*

DIALOGUE XLI.

VEGETABLES.	LES PLANTES.
Maintenant, il faut que j'aille faire une visite à votre jardin potager.	*Now I must pay a visit to your kitchen garden.*
Comme tout pousse !	*How every thing grows !*
La pluie a fait beaucoup de bien.	*The rain has done a great deal of good.*
Nous en avions bien besoin.	*We wanted it very much.*
Quelle quantité de choux et de choufleurs !	*What a quantity of cabbages and cauliflowers !*
Nous en consumons beaucoup dans la maison.	*We use a great many in the family.*
Voici un beau plant d'asperges.	*Here is a fine bed of asparagus.*
Je les aime extrêmement.	*I am very fond of them.*
J'aime presque autant les artichaux.	*I like artichokes nearly as well.*
Ces pois sont déjà en fleur.	*These peas are in bloom already.*
J'en ai en cosse dans un autre endroit.	*I have got some in pods in another place.*

Avez-vous planté des haricots?	*Have you planted any kidney beans?*
J'en ai qui sont hors de terre.	*I have some out of the ground.*
J'en ai de levés.	*I have got some up.*
Vous en aurez de bonne heure.	*You will have some very early.*
Voici des féves de marais en fleur.	*Here are Windsor beans in blossom.*
Vous en aurez en abondance.	*You will have plenty of them.*
Vous en aurez pleine récolte.	*You will have a full crop.*

DIALOGUE XLII.

THE SAME.	MÊME SUJET.
Qu'est-ce que cela?	*What is that?*
Ce sont des salsifis.	*It is salsify.*
Plus loin sont des carrottes et des panais.	*Further are carrots and parsnips.*
Qu'avez-vous là?—Qu'est-ce que vous avez là?	*What have you got there?*
Ce sont des topinambours.	*They are Jerusalem artichokes.*
Je n'en avais jamais vu auparavant.	*I had never seen any before.*
Est-ce là de l'oignon?	*Are these onions?*
Non. Ce sont des poireaux.	*No. They are leeks.*

Ils ressemblent beaucoup à de l'oignon.	*They are very much like onions.*
Je vois que vous avez toutes sortes de salade.	*I see you have got all sorts of salad.*
Voici de la laitue et de la romaine.	*Here is cabbage-lettuce, and coss-lettuce.*
Ceci est de la chicorée.	*This is endive.*
Je la préfère à la laitue.	*I prefer it to lettuce.*
Vous en avez abondamment.	*You have got a great plenty of them.*
Je ne vois point de céleri.	*I don't see any celery.*
Il est dans un autre endroit du jardin.	*It is in another part of the garden.*
Votre jardin me paraît assez bien rempli.	*I think your garden is pretty well stocked.*
Vous avez de tout en abondance.	*You have plenty of every thing.*
Il vaut mieux avoir trop que trop peu.	*It is better to have too much than too little.*

DIALOGUE XLII.

WALK.	LA PROMENADE.
Irons-nous faire un petit tour ?	*Shall we go and take a little walk ?*

De tout mon cœur.	*With all my heart.*
Je vous demanderai la permission d'aller prendre ma canne.	*I must beg leave to go and take my stick.*
Je serai à vous dans une minute.	*I will be with you in a minute.*
Maintenant, je suis prêt à vous suivre.	*Now, I am ready to follow you.*
Je suis à vos ordres.	*I am at your command.*
Nous partirons quand vous voudrez.	*We will go when you please.*
De quel côté irons-nous ?	*Which way shall we go ?*
Allons dans la campagne.	*Let us go over the fields.*
J'ai peur que les chemins ne soient bien poudreux.	*I am afraid the roads are very dusty.*
La pluie a un peu abattu la poussière.	*The rain has laid the dust a little.*
Traversons les houblonières.	*Let us go through the hop-grounds.*
C'est une promenade fort agréable.	*It is a very pleasant walk.*
Nous serons à l'abri du soleil.	*We shall be sheltered from the sun.*
Voulez-vous traverser ce champ ?	*Shall we cross this field?*

Peut-on passer à travers ce champ ?	*Is there a thoroughfare across this field ?*
Allons par ce sentier.	*Let us take this path.*
C'est le plus court pour retourner à la maison.	*It is the nearest way to go home.*
Il n'est pas tard.	*It is not late.*
J'ai envie de rentrer de bonne heure.	*I want to be home in good time.*
Nous n'avons que pour une demi-heure de marche.	*We have only half an hour's walk.*
Nous serons revenus de bonne heure.	*We shall reach home in good time.*

DIALOGUE XLIV.

RAIN.	LA PLUIE.
Que pensez-vous du temps ?	*What do you think of the weather ?*
Je crois que nous aurons de la pluie.	*I think we shall have some rain.*
Nous aurons de la pluie avant qu'il soit peu.	*We shall have some rain before long.*
Je le crois aussi, le baromètre baisse beaucoup.	*I think so too, the glass falls very much.*
Nous pourrons avoir quelques ondées, car le ciel se couvre.	*We may have some showers, for the sky gets cloudy.*

Nous avons grand besoin de pluie.	*We are in great want of rain.*
Un peu de pluie ne fera pas de mal.	*A little rain won't do any harm.*
Un peu de pluie ferait du bien aux jardins.	*A little rain would do good to the gardens.*
Ne trouvez-vous pas qu'il fait bien chaud pour la saison.	*Don't you think it is very hot for the season?*
Oui. Ce printemps est le plus chaud dont je me souvienne.	*Yes. This is the hottest spring I can remember.*
Le soleil est aussi chaud qu'au cœur de l'été.	*The sun is as hot as in the middle of summer.*
J'ai peur que nous n'en soyons punis après.	*I am afraid we shall pay for it afterwards.*
Je crains qu'après ce temps il ne nous vienne du froid.	*I fear we shall have cold weather after this.*
Cela est assez probable.	*It is likely enough.*

DIALOGUE XLV.

AFTER RAIN.	APRÈS LA PLUIE.
Je ne suis pas encore sorti depuis la pluie.	*I have not been out since the rain.*

Ni moi non plus.	*Nor I neither.*
Allons voir si tout a bonne mine dehors.	*Let us go and see how the things look abroad.*
La campagne a une apparence toute différente.	*The country looks quite different.*
Il fait bien meilleur marcher aujourd'hui.	*It is much more pleasant walking to-day.*
La pluie a abattu la poussière.	*The rain has laid the dust.*
La pluie a rafraîchi le temps.	*The rain has made the weather cooler.*
Il ne fait pas à beaucoup près si chaud qu'il faisait.	*It is not near so hot as it was.*
Quelle différence d'aujourd'hui à la journée d'hier !	*What a difference from what it was yesterday !*
Comme tout a un air de fraîcheur !	*How fresh the things look !*
Tout a un air vivant.	*Every thing looks alive.*
Le gazon semble déjà tout reverdi.	*The grass-plot seems quite green already.*
La pluie a ranimé toutes les plantes.	*The rain has revived all the plants.*
Tout pousse, et vient à vue d'œil.	*Every thing shoots up, and grows visibly.*

La pluie a fait beaucoup de bien.	*The rain has done a great deal of good.*
Un peu plus ne ferait pas de mal.	*A little more would do no harm.*

DIALOGUE XLVI.

MEETING A FRIEND.	EN RENCONTRANT UN AMI.
Quoi ! est-ce vous ?	*What! is it you?*
Est-ce bien vous ?	*Is it really you?*
C'est moi-même.	*No other.*
C'est moi en personne.	*It is I in person.*
Vous me surprenez tout-à-fait.	*You quite surprise me.*
Je ne m'attendais pas à vous rencontrer ici.	*I did not expect to meet with you here*
Je suis bien aise de vous rencontrer.	*I am very glad to meet you.*
Je suis ravi de vous voir.	*I am very happy to see you.*
Depuis quand êtes-vous de retour ?	*When did you return?*
Je suis venu hier au soir.	*I came home last night.*
Comment êtes-vous venu ?	*How did you come?*
Je suis venu par la voiture publique.	*I came by the stage.*

Je suis venu par la malle.	*I came in the mail coach.*
Vous venez un peu subitement.	*You come rather unexpected.*
Un peu.	*Rather so.*
Je comptais rester tout l'été.	*I thought to stay all the summer.*
Qu'est-ce qui vous a fait revenir si tôt?	*What makes you return so soon?*
Quelques affaires demandent ma présence ici.	*Some business called me home.*
Comment avez-vous trouvé votre voyage?	*How did you like your journey?*
Je l'ai trouvé fort agréable.	*I liked it very well.*
J'ai eu un voyage fort agréable.	*I have had a very pleasant journey.*
Quand aurai-je le plaisir de vous voir chez moi?	*When shall I have the pleasure to see you at my house?*
Quand voulez-vous venir dîner avec nous?	*When will you come and dine with us?*
Je ne sais. J'ai quelques affaires à finir.	*I don't know. I have a little business to do.*
J'aurai l'honneur de vous voir demain dans la journée.	*I shall wait upon you some time to-morrow.*

Nous serons bien enchantés de vous voir.	*We shall be very happy to see you.*

PART III.

FAMILIAR DIALOGUES.—*DIALOGUES FAMILIERS.*

DIALOGUE I.

GOING TO SCHOOL.	EN ALLANT A L'ÉCOLE.
Ou courez-vous si vite?	*Whither are you running so fast?*
Je vais en classe. N'avez-vous pas entendu la cloche?	*I am going to school. Did you not hear the bell?*
Sans doute. Mais qu'avons-nous besoin de nous presser? Nous serons arrivés assez tôt.	*To be sure, I did. But why should we hurry? We shall be there soon enough.*
On n'arrive point assez tôt quand on n'arrive point à l'heure.	*One is not soon enough, when not in time.*

Nous avons tout le temps. La cloche sonnait encore il n'y a qu'un instant.	*We have plenty of time. The bell has not ceased ringing above a minute.*
C'est justement pour cela que nous devrions être arrivés.	*For that very reason, we should be there now.*
Au pis aller, si nous arrivons un peu trop tard, nous en serons quittes pour être grondés.	*At the worst, if we arrive a little too late, we shall only be scolded for it.*
Comptez-vous cela pour rien? Moi, je n'aime point à être grondé.	*Do you call that nothing? For my part I do not like to be scolded.*
Voilà comme vous êtes toujours. Vous ne voulez jamais faire comme les autres.	*This is your way. You never will do like others.*
Tant pis pour les autres. Pourquoi ne font-ils pas comme ils doivent faire?	*So much the worse for the others. Why don't they do as they should?*
Voyez. Voilà encore je ne sais combien de garçons derrière nous.	*See. There are so many boys behind us.*

Attendons-les. Nous entrerons tous ensemble.	*Let us stay for them. We shall go in all together.*
Non, non. Je n'attendrai personne.	*No, no. I will stay for nobody.*
Si vous voulez venir avec moi, courons; ou si non, adieu.	*If you choose to come with me, let us run; if not, good bye.*
Pour moi, je ne m'arrêterai pas un moment davantage.	*For my own part, I won't stay a moment longer.*

DIALOGUE II.

BETWEEN TWO BOYS.	ENTRE DEUX ÉCOLIERS.
Pouvez-vous me prêter une feuille de papier?	*Can you lend me a sheet of paper?*
Quelle sorte de papier voulez-vous?	*What sort of paper do you want?*
Quel papier désirez-vous?	*What paper do you wish to have?*
Du papier à lettres. Je n'en ai pas une seule feuille dans ma boîte.	*Some letter-writing paper. I have not one single sheet in my box.*
En voici une. Si vous n'en avez pas assez d'une, j'en ai encore à votre service.	*Here is one. If one is not enough, I have more at your service.*

e vous remercie. Une feuille suffira.	*I thank you. One sheet will do.*
e vous la rendrai tantôt; car je vais en envoyer acheter.	*I will return it to you by and by ; for I am going to send for some.*
Il n'y a rien qui presse. Mais, dites-moi, à qui allez-vous écrire ?	*There is no hurry. But, tell me, whom are you going to write to?*
e vais écrire à mes parens.	*I am going to write to my friends.*
e m'en doutais. Assurez-les de mes respects.	*I thought so. Present my respects to them.*
e n'y manquerai pas.	*I will — I will not fail.*

DIALOGUE III.

RISING.	LE LEVER.
Qui est là ?	*Who's there?*
C'est moi. Debout, debout.	*It is I. Up, up.*
Quelle heure est-il ?	*What o'clock is it?*
Il est temps de se lever.	*It is time to get up.*
Déjà ! C'est impossible. Il n'y a pas deux heures que je suis couché.	*Already? It is impossible. I have not been in bed two hours.*

Deux heures! Il y en a près de dix.	*Two hours! You have been almost ten.*
Si l'on vous écoutait, vous dormiriez toute la journée.	*If they would humour you, you would sleep all day long.*
J'étais si tranquille quand vous m'avez réveillé !	*I was so comfortable when you awoke me!*
C'est bien dommage, assurément !	*Indeed, it is a great pity!*
Mais dépêchez-vous, et habillez-vous promptement.	*But make haste, and dress yourself quickly.*
Qu'y a-t-il tant qui presse ?	*Why such a hurry?*
Il y a déjà plus d'un quart d'heure que tous les autres sont dans la classe.	*All the boys have been in the school this quarter of an hour and more.*
Hé bien, ne peuvent-ils pas commencer sans moi ?	*Well, can't they begin without me?*
Du train que vous y allez, ils pourront bien effectivement commencer sans vous. Mais gare la correction.	*If you loiter so, they are indeed very likely to begin without you. But beware of the correction.*
Que puis-je faire à cela ? Est-ce ma	*How can I help it?*

faute, si j'ai envie de dormir?	*Is it my fault, if I am sleepy?*
Allons, allons. Je n'ai pas le temps de raisonner avec vous.	*Come, come. I have no time to argue with you.*
Dépêchez-vous, vous dis-je, et descendez sur-le-champ.	*Make haste, I say, and come down immediately.*
Me voilà prêt.	*I am ready.*
Oui; mais ce n'a pas été sans peine.	*Yes; but it was not without difficulty.*

DIALOGUE IV.

Between a Frenchman and an Englishman.	Entre un Français et un Anglais.
Monsieur, êtes-vous français?	*Sir, are you a Frenchman?*
Oui, Monsieur.	*Yes, Sir.*
De quelle partie de la France êtes-vous?	*What part of France did you come from?*
De la Picardie, de la Normandie, de la Flandre, etc.	*From Picardy, from Normandy; from Flanders, etc.*
Comment nommez-vous votre ville?	*What is the name of your place?*
Amiens, Paris, Rouen, etc.	*Amiens, Paris, Rouen, etc.*
Y a-t-il long-temps que vous êtes en Angleterre?	*Have you been long in England?*

Il y a dix ans.	*Ten years.*
Vous voilà presque naturalisé.	*You are almost naturalized.*
Vous voilà presque Anglais.	*You are almost an Englishman.*
Comment trouvez-vous l'Angleterre ?	*How do you like England ?*
Je l'aime assez.	*I like it pretty well.*
Je vous entends. Vous aimez mieux la France, n'est-ce pas ?	*I understand you. You like France better, don't you ?*
Cela est vrai, Monsieur ; mais on ne peut s'empêcher d'avoir de la prédilection pour son pays.	*It is true, Sir ; but a man cannot help being partial to his own country.*
Je ne vous blâme pas. Cela est naturel	*I do not blame you. It is natural.*
D'ailleurs, tout le monde convient que la France est un plus beau pays que le nôtre.	*Besides, every person agrees that France is a finer country than ours.*
Est-il vrai qu'il y fait plus chaud en été, et plus froid en hiver ?	*Is it true that it is warmer there in summer, and colder in winter than it is here ?*
Cela est très-certain.	*That is most certain.*

Nos étés sont plus longs et plus chauds, et nos hivers sont plus rigoureux qu'ici.	*Our summers are both longer and hotter, and our winters are more severe than they are here.*
Monsieur, vous savez où je demeure.	*Sir, you know where I live.*
Je serai toujours charmé de vous voir, quand vous voudrez me faire l'honneur de me venir voir.	*I shall always be glad to see you, when you will do me the honour to come and see me.*
Vous êtes bien honnête, Monsieur; mais je crains de vous incommoder.	*You are very kind, Sir; but I am afraid of being troublesome.*
Ne craignez pas cela. J'aime les Français, et c'est toujours un plaisir pour moi que de les voir dans ma maison.	*Do not be afraid of that. I like French people, and it is always a pleasure for me to see them in my house.*
Je me ferai cet honneur de temps en temps.	*I shall do myself that honour now and then.*

DIALOGUE V.

WITH A BOOK-SELLER.	AVEC UN LIBRAIRE.
Vous avez reçu depuis peu un assortiment de livres français. Je désirerais bien les voir.	*You have received lately a set of French books. I should like to see them.*
Très-volontiers, Monsieur.	*You are very welcome, Sir.*
Ils n'ont été deballés que ce matin. Vous en aurez la première vue.	*They were not unpacked before this morning. You shall have the first sight of them.*
Sont-ce tous livres nouveaux?	*Are they all new books?*
Non, Monsieur. Il y en a de nouveaux et d'anciens.	*Not all, Sir. Some are new, some are old publications.*
J'espère que vous trouverez de quoi vous satisfaire.	*I hope you will find some to suit your taste.*
Faites voir à Monsieur les livres que nous avons reçus dernièrement.	*Show the gentleman the books we have received lately.*
Hé bien, Monsieur;	*Well, Sir, have you*

avez-vous trouvé quelque chose qui vous convienne.	*found any thing that suits you?*
Oui. Voici la note des livres que je désire avoir.	*Yes; here is a note of the books I wish to have.*

DIALOGUE VI.

THE SAME.	MÊME SUJET
Voulez-vous qu'ils soient en feuilles, ou reliés?	*Will you have them in sheets or bound?*
Je les veux reliés.	*I want them bound.*
Quelle sorte de reliure désirez-vous?	*What sort of binding do you wish for?*
Voulez-vous qu'ils soient en veau, ou en basane?	*Will you have them in calf, or in sheep?*
Je désire que celui-ci soit relié en maroquin et doré sur tranche.	*I want this in morocco with gilt leaves.*
De quelle couleur voulez-vous le Maroquin?	*What colour will you have the morocco?*
Le prix est-il le même pour toutes les couleurs?	*Is the price the same for all colours?*
Le même, Monsieur.	*The same, Sir. The*

La couleur ne change rien au prix.	*colour makes no alteration in the price.*
Vous pouvez prendre la couleur que vous aimez le mieux.	*You may take what colour you like best.*
En ce cas-là, je préfère le maroquin vert.	*If that be the case, I prefer green morocco.*
Cette couleur est plus gaie, et moins sujette à se salir.	*That colour is more lively, and not so apt to get dirty.*
Comment désirez-vous les autres ?	*How do you wish to have the others?*
Je veux qu'ils soient en veau, avec un titre sur le dos.	*I will have them bound in calf and lettered.*
Cela suffit, Monsieur. J'aurai soin qu'ils soient exactement comme vous le désirez.	*Very well, Sir. I will take care that they shall be exactly as you direct.*

DIALOGUE VII.

THE SAME.	MÊME SUJET.
Avez-vous encore besoin de quelque chose ?	*Do you want any thing else?*
Je voudrais bien avoir un exemplaire	*I should wish to have a copy of Cham-*

du Dictionnaire de Chambaud.	*baud's Dictionary.*
J'en ai un exemplaire très-bien conditionné, et qui n'est pas cher.	*I have one copy by me which is in very good condition, and very cheap.*
Je préfère l'avoir neuf.	*I prefer to have it new.*
Cela est impossible ; car l'édition est épuisée.	*It is impossible ; for the book is out of print.*
Vous n'en trouverez pas un exemplaire chez les libraires, quand vous en donneriez vingt guinées	*You cannot find a single copy at any bookseller's, even if you would give twenty guineas for it.*
Ne pense-t-on pas à le réimprimer? Car c'est un livre d'une grande utilité.	*Don't they think of printing it again? For it is a very useful book.*
Il est maintenant sous presse.	*It is now in the press.*
Mais on ne sait quand il paraîtra.	*But nobody knows when it will come out.*

DIALOGUE VIII.

THE SAME.	MÊME SUJET.
En ce cas, j'aime mieux m'assurer	*If this be the case, I had better make*

de l'exemplaire que vous avez.	*sure of your copy.*
Combien en demandez-vous ?	*What do you ask for it?*
Je comptais le vendre deux guinées et demie.	*I did expect two guineas and a half for it.*
Mais comme vous prenez plusiers autres livres, je vous le passerai à deux guinées.	*But as you have bought several other books, I will let you have it for two guineas.*
Deux guinées ! C'est plus qu'il n'a coûté neuf.	*Two guineas! It is more than it cost new.*
Cela est vrai. Mais il devient si rare, que le prix augmente de jour en jour.	*It is true. But it grows so scarce, that the price advances every day.*
Cet exemplaire est certainement à très-grand marché.	*This copy is certainly a very cheap bargain.*
Vous ne pouvez pas prendre moins ?	*You cannot take less?*
Vous ne pouvez pas me le donner à moins ?	*You cannot let me have it for less?*
Non, en conscience, Monsieur, je ne gagne presque rien dessus.	*No, upon my word, Sir; I hardly get any thing by it.*

Mettez-le de côté, et me l'envoyez avec les autres livres.	*Put it by, and send it down with the other books.*

DIALOGUE IX.

IN A SHOP.	DANS UNE BOUTIQUE.
Avez-vous de beau drap?	*Have you got any fine cloth?*
De quelle sorte de drap désirez-vous?	*What sort of cloth do you wish to have?*
De quel prix?	*What price?*
Quel prix voudriez-vous y mettre?	*What price would you wish to go to?*
Nous en avons à tout prix.	*We have some of all prices.*
Nous en avons à différens prix.	*We have different prices.*
Montrez-moi ce que vous avez de meilleur.	*Show me the best you have.*
Faites-moi voir ce que vous avez de plus fin.	*Let me see the finest you have.*
Est-ce là le plus fin que vous ayez?	*Is this the finest you have?*
Combien le vendez-vous l'aune?	*How much do you sell it an ell?*
Je le vends dix écus l'aune.	*I sell it for ten half crowns an ell.*

Je le trouve bien cher.	*I find it very dear.*
Quel est votre dernier prix, car je n'aime pas à marchander ?	*What is the lowest price, for I do not like to haggle ?*
Monsieur, je ne surfais jamais.	*Sir, I never ask more than I can take*
Je n'ai qu'un prix.	*I have but one price.*
Pouvez-vous me le donner pour. . . ?	*Can you let me have it for . . . ?*
Je vous en donnerai. .	*I will give you . . . for it.*
En vérité, je ne puis le vendre à moins.	*Indeed, I cannot sell it under.*
Je ne puis pas le donner à moins.	*I cannot give it for less.*
Je ne peux pas prendre moins.	*I cannot take less.*
Vous savez que je suis une bonne pratique.	*You know I am a good customer.*
Cela est vrai ; mais il n'est pas juste que je vende à perte.	*It is true ; but it is not right I should sell at a loss.*
Hé bien, partageons le différent.	*Well, let us split the difference.*
En vérité, vous l'avez au prix coûtant.	*Indeed, you have it at prime cost.*

DIALOGUE X.

THE SAME.	MÊME SUJET.
Désirez-vous encore quelque chose ?	*Do you wish to have any thing else?*
Montrez-moi vos échantillons.	*Let me see your patterns.*
J'ai besoin d'une étoffe pour faire une veste.	*I want some stuff for a waistcoat.*
En voici de toutes les couleurs.	*Here are some of all colours.*
Cette couleur-ci est trop sombre.	*This colour is too dull.*
Celle-là est trop claire.	*That is too light.*
Je veux quelque chose qui ne soit point salissant.	*I want something that does not get dirty.*
Je veux quelque chose qui se lave.	*I want something that washes.*
Cette couleur-ci est-elle bon teint ?	*Is this colour a good dye?*
J'aime assez ce dessin; mais je crains que la couleur ne tienne point.	*I like this colour well enough; but I fear the colour won't stand.*
J'ai peur que cette étoffe ne soit pas d'un bon user.	*I am afraid this stuff won't wear well.*
Au contraire, elle est excellente.	*On the contrary, it is excellent.*

Vous n'en verrez jamais la fin.	*You will never see the end of it.*
Vous pouvez la prendre sur ma parole.	*You may take it on my word.*

DIALOGUE XI.

THE SAME.	MÊME SUJET.
Maintenant dites-moi combien je vous dois.	*Now let me know what I owe you.*
A combien cela se monte-t-il ?	*How much does it amount to?*
A combien cela revient-il ?	*How much does it come to?*
Voici votre compte.	*Here is your account*
Le tout se monte à soixante-douze livres.	*It comes in all to seventy-two livres.*
Le tout se monte à soixante-douze francs.	*It comes in all to seventy-two francs.*
Cela fait en tout soixante-douze francs dix sous.	*It amounts to seventy-two francs ten sous.*
Ne vous trompez-vous pas ?	*Are you not mistaken?*
Le compte est juste. Vous pouvez compter vous-même.	*The account is right. You may reckon yourself.*
Vous pouvez faire le compte vous même.	*You may cast it yourself.*

oici quatre louis, qui font quatre-vingt francs. Vous avez à me rendre sept francs dix sous.	*Here are four louis, which make eighty francs. You are to give me seven francs ten sous.*
es voici, Monsieur.	*Here they are, Sir.*
nvoyez-moi cela sur-le-champ.	*Send me that down immediately.*
ous allez l'avoir dans un quart d'heure.	*You shall have it within a quarter of an hour.*
ous l'aurez dans dix minutes.	*You shall have it in ten minutes.*
vant qu'il soit un quart d'heure.	*In less than a quarter of an hour.*

DIALOGUE XII.

LODGING.	LE LOGEMENT.
vez-vous des chambres à louer ?	*Have you got any rooms to let?*
ui, Monsieur, j'en ai plusieurs. Quelles chambres désirez-vous ?	*Yes, Sir, I have several. What rooms do you wish to have?*
'oulez-vous un appartement meublé, ou non meublé ?	*Do you want an apartment furnished, or unfurnished?*
'ai besoin de chambres meublées.	*I want furnished rooms.*
l me faudrait deux	*I should like to have*

chambres à coucher, avec une salle et une cuisine.

two bed-rooms, with a parlour and a kitchen.

Je puis vous accommoder. Donnez-vous la peine d'entrer.

I can accommodate you. Please to walk in.

Je vais vous faire voir les chambres. Voici la salle.

I will show you the rooms. Here is the sitting room.

Elle n'est pas très-grande, mais elle peut faire mon affaire.

It is not very large, but it will do for me.

Vous voyez qu'il y a tout ce qu'il faut, et que les meubles en sont très-propres.

You see that there is every thing necessary, and that the furniture is very neat.

Tous les meubles sont en bois d'acajou.

All the furniture is mahogany.

Voici deux fauteuils, six chaises, un tapis neuf, une belle glace, et des rideaux très-propres.

Here are two arm-chairs, six chairs, a new carpet, a fine glass, and very neat curtains.

De plus, il y a des armoires aux deux côtés de la cheminée.

Besides that, there are cupboards on both sides the chimney.

Oui. Il y a tout ce qui est nécessaire.

Yes. Here is all that is necessary.

DIALOGUE XIII.

THE SAME.	MÊME SUJET.
Faites-moi voir les chambres à coucher.	*Let me see the bedrooms.*
Par ici, Monsieur, s'il vous plaît.	*This way, Sir, if you please.*
Voyons si le lit est bon, car c'est là le principal.	*Let us see whether the bed is good, for this is the main point.*
Quand j'ai un bon lit, je ne me soucie guère du reste.	*When I have a good bed, I hardly care for any thing else.*
Vous ne pouvez en désirer un meilleur.	*You cannot wish for a better one.*
La chambre donne-t-elle sur la rue ?	*Does the room look into the street?*
Non, Monsieur; elle a vue sur le jardin.	*No, Sir; it looks into the garden.*
Tant mieux. Je n'aime point à me coucher sur le devant, à cause du bruit des voitures.	*So much the better. I don't like to sleep in a front room, on account of the noise of the carriages.*
Souhaitez-vous voir l'autre chambre ?	*Do you wish to see the other room?*
J'imagine que le lit en est bon. Maintenant, il ne s'agit plus que du prix.	*I fancy the bed is good. Now, the only question is about the price.*

DIALOGUE XIV.

THE SAME.	MÊME SUJET.
Que demandez-vous des trois chambres avec la cuisine?	*What do you ask for the three rooms and the kitchen?*
J'ai toujours loué la salle avec une des chambres quatorze chelins.	*I have always let the parlour with one of the rooms for fourteen shillings.*
Vous paierez une guinée par semaine pour le tout.	*You shall give me one guinea a week for the whole.*
Ce n'est que sept chelins pour l'autre chambre et la cuisine.	*It is only seven shillings for the other room and the kitchen.*
Je pense que c'est beaucoup d'argent.	*I think it a great deal of money.*
Considérez que c'est ici un des plus beaux quartiers de la ville, où les maisons sont d'un prix exorbitant.	*Consider that this is one of the best quarters of the town, where the houses are let very high.*
Hé bien, je vous donnerai une guinée.	*Well, I will give you one guinea.*
Mais il me faut une partie de la cave, et un endroit pour	*But I must have a part in the cellar, and a place to put*

mettre du bois et du charbon.	*coals and wood in.*
Cela est entendu. Vous aurez une place fermant à clef.	*That is understood. You shall have a place with a lock and key to it.*
Quand comptez-vous prendre possession de votre logement ?	*When do you mean to take possession of your lodging?*
Je compte venir coucher ici ce soir.	*I intend to come and sleep here to-night.*
Faites en sorte que tout soit prêt de bonne heure.	*See that the rooms be ready betimes.*
Cela suffit, Monsieur. Vous pouvez venir aussitôt qu'il vous plaira.	*Very well, Sir. You may come as soon as you please.*

DIALOGUE XV.

WITH AN UPHOLSTERER.	AVEC UN TAPISSIER.
Je voudrais bien voir quelques meubles.	*I should wish to look at some furniture.*
Donnez-vous la peine d'entrer, Monsieur. Je crois pouvoir vous accommoder.	*Please to walk in, Sir. I think I can suit you.*
Quels meubles désirez vous voir ?	*What sort of furniture do you wish to see?*

J'ai besoin d'une bibliothèque, si je puis en trouver une propre.	*I want a book-case, if I can find a neat one.*
En voici une très-belle.	*Here is a very good one.*
Je l'ai achetée hier à une vente.	*I bought it yesterday at a sale.*
Elle est d'un bois superbe.	*It is of a very beautiful wood.*
Je l'aimerais assez—Elle me conviendrait assez.	*I should like it well enough.*
Combien en demandez-vous ?	*How much do you ask for it?*
Combien comptez-vous la vendre ?	*What do you think to sell it for?*
Le prix est de douze guinées.	*The price is twelve guineas.*
Vous ne pouvez pas la donner à moins ?	*You cannot take less?*
Je ne le peux pas, Monsieur. Le plus bas prix est marqué sur chaque article dans ma boutique.	*I cannot, Sir. The lowest price is marked down upon every article in my shop.*
C'est la meilleure manière.	*It is the best way.*

DIALOGUE XVI

THE SAME.	MÊME SUJET
Maintenant je désirerais voir une commode.	*Now I should wish to look at a chest of drawers.*
Une double, ou une simple?	*A double one, or a single one?*
En voici plusieurs, avec le prix marqué sur chacune.	*Here are several, with the price marked upon each.*
Je crois que je m'en tiendrai à celle-ci.	*I think I shall fix upon this.*
Maintenant que je voie vos tapis.	*Now let me see your carpets.*
Quelle grandeur désirez-vous?	*What size do you want?*
Six verges sur cinq.	*Six yards by five.*
En voici de toutes les sortes.	*Here are some of all sorts.*
Regardons le prix.	*Let us look at the price.*
Ceux-ci montent à beaucoup d'argent.	*These come to a great deal of money.*
Ceux-ci montent bien haut.	*These come very high.*
En voici à meilleur marché. Mais ils ne sont, comme bien vous pensez, ni si beaux ni si bons.	*Here are some cheaper. But they are, of course, neither so handsome nor so good.*

J'aimerais assez celui-ci. Mais il revient à tant d'argent.	*I should like this well enough. But it comes to so much money.*
Non, Monsieur. Vous le trouverez à bon marché, si vous en considérez la grandeur.	*No, Sir. You will think it very cheap, if you consider how large it is.*
Les tapis sont un article bien coûteux.	*Carpets are very expensive.*
Voudriez-vous en voir de hazard?	*Should you like to look at second-hand ones?*
Non. Je prends celui-ci.	*No. I take this.*

DIALOGUE XVII.

THE SAME.	MÊME SUJET.
N'avez-vous pas besoin d'autre chose?	*Don't you want something else?*
Avez-vous besoin d'autre chose?	*Do you want any thing else?*
De quel prix sont ces chaises?	*Of what price are these chairs?*
Quel peut être le prix de ces chaises?	*What may be the price of these chairs.*
Le prix est de deux guinées par chaise.	*They are two guineas a chair.*
Elles doivent être bonnes pour ce prix.	*They ought to be good for that price.*

Ces chaises-ci sont magnifiques.	*These are very beautiful chairs.*
Ces chaises sont de la première qualité, et à la dernière mode.	*These chairs are of the first quality, and in the newest fashion.*
Considérez qu'elles sont faites du plus beau bois, et parfaitement bien finies.	*Consider that they are made of the finest wood, and perfectly well finished.*
Elles ont été faites par le meilleur ouvrier de Londres.	*They were made by the best workman in London.*
J'aime assez les chaises, mais je n'en aime pas le prix.	*I like the chairs very well, but I do not like the price.*
Je remettrai cette emplette à une autre fois.	*I shall put off this purchase to another time.*
Hé bien, vous m'enverrez cela le plus tôt possible.	*Well, you will send those things as soon as possible.*
Vous l'aurez dans le courant de la journée.	*You shall have them in the course of the day.*
Ne me trompez pas.	*Do not disappoint me.*
Vous pouvez compter dessus.	*You may depend upon it.*

DIALOGUE XVIII.

TO BUY SEVERAL ARTICLES.	POUR ACHETER DIFFÉRENS OBJETS.
Voulez-vous venir à la ville avec moi?	*Will you come to town with me?*
De tout mon cœur.	*With all my heart.*
Qu'avez-vous à faire dans la ville?	*What have you to do in town?*
Il faut que j'aille chez le marchand de toile.	*I want to go to the linen-draper's shop.*
J'ai quelques emplettes à faire.	*I have a few things to buy.*
Qu'est-ce que vous avez à acheter?	*What do you want to buy.*
Je veux acheter de la dentelle.	*I want to buy some lace.*
J'ai besoin de toile de coton.	*I want some calico.*
Il me faut de la toile pour faire des draps.	*I must get some sheeting.*
N'avez-vous pas vous-même besoin d'acheter quelque chose?	*Don't you want to buy something for yourself?*
Rien de particulier.	*Not any thing in particular.*
A moins que je ne	*Unless I should see*

voie quelque chose qui me frappe.	*something that strikes my fancy.*
Peut-être verrons-nous de nouveaux dessins d'indiennes.	*Perhaps we may see some new prints.*
Vous me faites penser que j'ai besoin de basin.	*You put me in mind that I want some dimity.*
Ne me laissez pas oublier d'acheter des mouchoirs.	*Don't let me forget to buy some handkerchiefs.*
Je vous en ferai souvenir.	*I will remind you of it.*
Partons sur-le-champ, car il faut que nous soyons revenues pour le thé.	*Let us go directly, for we must be back for tea.*
Nous avons une grande heure à nous.	*We have full an hour before us.*
Nous serons revenues avant ce temps-là.	*We shall be back before that time.*

DIALOGUE XIX.

WITH A TAILOR.	**AVEC UN TAILLEUR.**
Je vous ai envoyé chercher pour me prendre la mesure d'un habit.	*I have sent for you to measure me for a coat.*

Voulez-vous bien prendre ma mesure pour un habit?	*Will you take my measure for a coat?*
Comment voulez-vous qu'il soit fait?	*How will you have it made?*
Faites-le-moi comme on les porte actuellement.	*Make it as they wear them now.*
Vous voulez aussi la veste et la culotte.	*You want also the waistcoat and small clothes.*
Oui. J'ai acheté de l'étoffe pour me faire un habillement complet.	*Yes. I bought the cloth to have a complete suit of clothes.*
Cela suffit, Monsieur. Comment voulez-vous que votre veste soit faite.	*Very well, Sir. How do you wish to have your waistcoat made?*
Faites-la à la mode actuelle.	*Make it after the present fashion.*
Seulement qu'elle ne descende pas tout à fait si bas.	*Only let it not come down quite so low*
Quelle sorte de boutons voulez-vous?	*What sort of buttons will you have?*
Je veux des boutons de la même étoffe.	*I will have them covered with the same stuff.*
Fort bien.	*Very well.*
Voulez-vous que votre	*Will you have your*

culotte monte bien haut ?	*small clothes come very high ?*
Ni trop haut ni trop bas.	*Not too high nor too low.*
Faites - la venir jusqu'ici.	*Let them come up so high.*
Je ne veux point qu'elle descende tout à fait si bas qu'on les porte aujourd'hui.	*I won't have them come down quite so low as they wear them now.*
C'est la mode de les porter très-basses.	*It is the fashion to wear them very low.*
Oui, mais c'est une mode ridicule.	*Yes, but it is a ridiculous fashion.*
Elle sera faite selon votre goût.	*They shall be made exactly as you like.*
Souvenez-vous qu'il me faut ceci pour dimanche , sans faute.	*Remember that I must have this against next Sunday, without fail.*
Vous l'aurez dimanche au matin.	*You shall have it on Sunday morning.*
Prenez garde, car si vous me manquez de parole, c'est le dernier ouvrage que vous ferez pour moi.	*Mind, for if you disappoint me, this will be the last work you ever do for me.*

DIALOGUE XX.

THE SAME.	MÊME SUJET.
M'apportez-vous mon habit ?	*Have you brought my coat ?*
Oui, Monsieur. Le voici.	*Yes, Sir. Here it is.*
Vous êtes un homme de parole. Mais, franchement, je commençais à m'impatienter.	*You are a man of your word. But, frankly, I began to grow impatient.*
Il n'est que dix heures, et je ne vous avais promis que dans la matinée.	*It is but ten o'clock, and I had promised you some time in the morning.*
Aussi, je ne me plains pas.	*Nor do I complain.*
Que je l'essaye.	*Let me try it.*
Essayez-le-moi.	*Try it on me.*
Voyons s'il me fait bien.	*Let's see whether it fits me.*
Voyons comment il me va.	*Let's see how it fits.*
Vous avez fait les manches trop longues et trop larges.	*You have made the sleeves too long and too wide.*
Monsieur, on les porte maintenant très-grandes.	*Sir, they wear them very large now.*

D'ailleurs, considérez que la veste que vous avez actuellement n'a pas de manches.	*Besides, consider that the waistcoat you have on now has no sleeves.*
Il m'est trop juste.	*It is too narrow.*
Il me serre sous les aisselles.	*It pinches me under the arms.*
Il me coupe les bras.	*It cuts my arms.*
N'est-il pas un peu long?	*Is it not rather too long?*
Il me semble un peu trop long.	*It seems to be a little too long.*
Il est trop long de taille.	*It is too long-waisted.*
Il est trop court de taille.	*It is too short-waisted.*
Il fait des plis entre les épaules.	*It sits in wrinkles between the shoulders.*
Vous ne pouvez pas vous plaindre de cet habit.	*You cannot complain of this coat.*
Il vous fait à ravir— Il vous va parfaitement bien.	*It fits you extremely well.*
Vous n'avez jamais été mieux habillé.	*You never were better dressed in your life.*
Vous autres tailleurs, vous ne trouvez	*You gentlemen tailors never find fault*

jamais rien à redire à votre ouvrage.	*with your own work:*

DIALOGUE XXI.

WITH A SHOE-MAKER.	**AVEC UN CORDONNIER.**
Monsieur, je vous apporte vos souliers.	*Sir, I have brought your shoes.*
Que je les voie. Voyons.	*Let me see them. Let us see.*
Permettez que je vous les essaye.	*Give me leave to try them on you*
Non, je vous remercie. Je veux les essayer moi-même.	*No, I thank you. I will try them on myself.*
Je ne peux faire entrer mon pied dedans.	*I cannot get my foot in.*
Ils sont beaucoup trop étroits.	*They are a great deal too strait.*
Ils me blessent les orteils.	*They hurt my toes.*
Vous les avez faits trop pointus.	*You have made them too pointed.*
Ils me font mal.	*They pinch me.*
Ils s'élargiront de reste en les portant.	*They will grow wide enough by wearing.*
Ce cuir-ci prête comme un gant.	*This leather stretches like a glove.*

Oui. Mais en attendant qu'ils s'élargissent, je ne veux point être estropié.	*Yes. But I don't choose to be crippled, until they grow wider.*
Je ne saurais marcher avec.	*I cannot walk in them.*
Vous ne les aurez pas portés deux jours, qu'ils ne vous blesseront plus.	*You will not have worn them two days before they cease to hurt you.*
Je vous ai dit plusieurs fois que je ne voulois point être gêné dans mes souliers.	*I told you many times, that I do not like to be pinched in my shoes.*
Je ne veux point gagner de cors.	*I do not wish to get corns.*
Je veux avoir le pied à mon aise.	*I wish to be easy in my shoes.*
Le cuir est mauvais.	*The leather is bad.*
L'empeigne ne vaut rien.	*The upper leather is good for nothing.*
Les semelles sont trop minces.	*The soles are too thin.*
Les quartiers sont trop bas.	*The quarters are too low.*
Je ne veux point avoir le pied découvert.	*I won't have my foot uncovered.*
Les talons sont beaucoup trop larges.	*The heels are a good deal too wide.*

Je suis sûr que ces souliers n'ont jamais été faits pour moi.	*I am sure these shoes were never made for me.*
Remportez-les, et faites-m'en une autre paire le plus tôt possible.	*Take them back, and make me another pair as soon as possible.*

DIALOGUE XXII.

WITH A PHYSICIAN.	AVEC UN MÉDECIN.
Monsieur, j'ai pris la liberté de vous envoyer chercher.	*Sir, I have taken the liberty to send for you.*
Je crains d'avoir besoin de votre assistance.	*I am afraid I need your assistance.*
Comment vous trouvez-vous en ce moment?	*How do you find yourself at present.*
Je ne sais. Je me trouve tout je ne sais comment.	*I don't know. I find myself I don't know how.*
J'ai la tête tout étourdie, et j'ai de la peine à me tenir sur mes jambes.	*My head is giddy, and I can hardly stand on my legs.*
Je ne suis pas bien du tout.	*I am not well at all.*

Je me sens bien malade.	*I feel myself very ill.*
Je suis d'une foiblesse étonnante.	*I am uncommonly weak.*
Depuis quand êtes-vous malade ?	*How long have you been ill ?*
Comment cela a-t-il commencé ?	*How were you taken ill ?*
Cela me prit avant-hier par un frisson.	*It began the day before yesterday by a shivering.*
Ensuite j'ai sué beaucoup, et j'ai toujours été mal depuis.	*Then I perspired profusely, and have been ill ever since.*
Avez-vous senti des maux de cœur ?	*Did you perceive a nausea ?*
Oui, dans le premier instant, mais cela s'est dissipé, et il m'est resté un mal de tête épouvantable.	*Yes, at first, but that went off, and I have had a terrible head-ache ever since.*

DIALOGUE XXIII.

THE SAME.	MÊME SUJET.
Où sentez-vous du mal actuellement ?	*Where do you feel a pain now ?*
J'ai un grand mal de tête.	*My head aches terribly.*

Je sens des maux de cœur, et des envies de vomir.	*I find myself sick, and sometimes am ready to reach.*
Je sens du mal à l'estomac.	*I feel a pain in my stomach.*
J'ai mal à la gorge.	*I have a sore throat.*
Je sens des douleurs d'entrailles.	*I feel a pain in my bowels.*
J'ai eu le frisson toute la nuit.	*I have had a shivering the whole night long.*
J'ai des douleurs dans le côté, et j'ai de la peine à respirer.	*I feel pains in my side, and I breathe with difficulty.*
Vous sentez-vous un peu d'appétit ?	*Do you feel a little appetite?*
Je n'ai presque rien mangé depuis deux jours.	*I have hardly eaten any thing these two days.*
Voyons votre langue. —Montrez-moi votre langue.	*Let me see your tongue.*
Vous avez la langue un peu chargée.	*Your tongue is foul.*
Il y a de l'humeur dans l'estomac.	*The stomach is loaded.*
Il vous faudra prendre une petite médecine.	*You must take a little medicine.*

DIALOGUE XXIV.

THE SAME.	MÊME SUJET.
Donnez-moi votre bras.	*Give me your arm.*
Que je vous tâte le pouls.	*Let me feel your pulse.*
Votre pouls est un peu agité.	*Your pulse is a little flurried.*
Votre pouls est un peu élevé.	*Your pulse is a little elevated.*
Votre pouls est dur. Il y a de la fièvre.	*Your pulse is hard. There is a fever.*
Vous avez un peu de fièvre.	*You are feverish.*
Croyez-vous ma maladie dangereuse ?	*Do you think my illness dangerous ?*
Non. Mais il faut prendre garde qu'elle ne le devienne.	*No. But you must take care lest it should become so.*
Que faut-il que je fasse ?	*What am I to do ?*
Je vous enverrai quelque chose à prendre, et vous reverrai demain matin.	*I will send you something to take, and see you again to-morrow morning.*
Ai-je autre chose à faire ?	*Must I do any thing besides ?*
Non. Ayez seulement soin de vous tenir chaudement	*No. Only take care to keep yourself warm.*

Tâchez de ne point attraper de froid.	*Endeavour not to catch cold.*
Nous verrons demain, s'il n'est pas à propos de tirer un peu de sang.	*We shall see to-morrow whether it will not be proper to take a little blood.*

DIALOGUE XXV.

THE SAME.	MÊME SUJET.
Comment avez-vous passé la nuit ?	*How have you passed the night ?*
Comment vous trouvez-vous depuis hier ?	*How do you find yourself since yesterday ?*
Je me sens beaucoup mieux.	*I feel myself much better.*
Je n'ai pas été si agité, et j'ai un peu dormi.	*I have not been so much agitated, and I slept a little.*
La fièvre est beaucoup diminuée.	*The fever is much abated.*
La fièvre est presque tombée.	*The fever is almost off.*
Sentez-vous encore du mal à l'estomac? au côté? etc.	*Do you feel any more pain in your stomach? in your side? etc.*
Beaucoup moins. Je suis beaucoup soulagé.	*Much less than I did. I am a good deal easier.*

Je vous enverrai encore une bouteille, que vous prendrez comme hier.	*I will send you another bottle, which you will take as you did yesterday.*
Je puis vous promettre que ce ne sera rien de sérieux.	*I can promise you that it will have no serious consequence.*
Dans deux ou trois jours vous serez guéri.	*In two or three days you will be quite well.*

DIALOGUE XXVI.

PLAYING AT CARDS.	LE JEU DE CARTES.
Que ferons-nous pour passer le temps ?	*What can we do to spend the time ?*
Jouez-vous le piquet?	*Can you play at picquet ?*
Voulez-vous faire une partie de piquet ?	*Will you have a game at picquet ?*
Volontiers. Mais je ne suis pas un grand joueur.	*Willingly. But I am not a great player.*
On joue toujours bien quand on a beau jeu.	*One can always play with a good hand.*
Combien jouerons-nous la partie ?	*How much shall we play for a game ?*
Jouons un chelin, pour nous amuser.	*Let us play for a shilling, just to amuse ourselves.*

Voyez si le jeu est entier.	*See whether the pack is entire.*
Non. Il y manque deux cartes.	*No. There are two cards wanting.*
Avez-vous ôté les basses cartes ?	*Did you throw out the small cards ?*
Voyons qui fera—Voyons qui de nous deux fera.	*Let's see who shall deal.*
Coupez, pour donner les cartes.	*Cut for deal.*

DIALOGUE XXVII.

THE SAME.	MÊME SUJET.
C'est à moi à donner.	*I am to deal.*
C'est à vous à donner.	*You are to deal.*
A qui est-ce à faire ?	*Who is to deal ?*
Je suis le premier en cartes.	*I am the elder hand—I have the hand.*
Je suis le dernier en cartes.	*I am the younger hand.*
Mêlez bien les cartes, car toutes les figures se trouvent ensemble.	*Shuffle the cards well, for all the court cards are together.*
J'ai une carte de moins — Il me manque une carte.	*I want a card.*
Cela est vrai. Il y en a une de trop dans le talon.	*True. There is one too many in the stock.*

Il manque une carte au talon.	*There wants one card in the stock.*
Refaites.	*Deal again.*
C'est à vous à couper.	*You are to cut.*
Coupez, s'il vous plaît.	*Cut, if you please.*
Je suis bien embarrassé pour écarter.	*I am quite puzzled to discard.*
M'en laissez-vous ?	*Do you leave me any ?*
Je laisse deux cartes.	*I leave two cards.*
J'en laisse une.	*I leave one.*
Je suis sûr que j'écarte tout mon jeu.	*I am sure I put out my game.*
J'ai écarté la partie.	*I have discarded the game.*
Il ne m'est rentré rien de bon.	*I took in nothing good.*
Il me rentre très-beau jeu.	*I took in very good cards.*

DIALOGUE XXVIII.

THE SAME.	MÊME SUJET.
C'est à vous à parler.	*You are to call.*
Accusez votre point.	*Call your point.*
Cinq cartes, six cartes, soixante, cinquante, etc.	*Five cards, six cards, sixty, fifty, etc.*
Ils sont égaux. J'en ai autant.	*They are equal. I have as much.*
Ils sont bons.	*They are good.*
Ils ne sont pas bons— Ils ne valent point.	*They are not good.*

Une dix-septième, une seizième, une quinte, une quatrième, une tierce majeure, au roi, à la dame, etc.	*A seventeenth, a sixteenth, a quint, a quart, a tierce major, from the king, from the queen, etc.*
Elle est bonne.	*It is good.*
J'ai la pareille—J'ai la même.	*I have the same.*
Elle ne vaut pas.	*It is not good.*
J'ai un quatorze d'as, de roi, etc.	*I have a quatorze by aces, by kings, etc.*
Trois as, trois valets, etc., valent-ils ?	*Are three aces, three knaves, etc., good ?*
Trois dames, sont-elles bonnes ?	*Are three queens good?*
Non. J'ai un quatorze qui vaut mieux.	*No. I have a quatorze which is better.*
Je n'ai donc rien à compter.	*Then I have nothing to tell.*
Jouez.	*Play away.*
Je joue cœur, carreau, pique, trèfle.	*I play a heart, diamond, spade, club.*
Je gagne les cartes.	*I have the cards.*
Je suis capot.	*I am capot.*
Vous m'avez fait capot.	*You made me capot.*
Vous avez les cartes.	*You win the cards.*
Vous avez perdu.	*You have lost.*
Donnez-moi ma revanche.	*Give me my revenge.*

DIALOGUE XXIX.

BEFORE A DEPARTURE.	AVANT LE DÉPART.
Avez-vous quelque commission pour Londres ?	*Have you any commission for London?*
Quoi ! est-ce que vous allez à Londres ?	*What ! are you going to town ?*
Oui. Y a-t-il quelque chose que j'y puisse faire pour vous ?	*Yes. Is there any thing that I can do there for you ?*
Vous êtes bien obligeant.	*You are very obliging.*
Quand comptez-vous partir ?	*When do you think of going ?*
Je pars demain matin.	*I set out to-morrow morning.*
Allez-vous par la voiture ?	*Do you go by the stage?*
Non. J'ai commandé une chaise de poste.	*No. I have ordered a post-chaise.*
Combien de temps comptez-vous y rester ?	*How long do you mean to stay there ?*
Quand serez-vous de retour ?	*How soon will you come back ?*
Je compte rester quatre ou cinq jours.	*I think of staying four or five days.*

Mais j'ai peur d'être retenu plus long temps.	*But I am afraid I shall be detained longer.*
Cela est très-probable.	*It is most likely.*
C'est pourquoi il vaut mieux compter sur un plus long séjour.	*Therefore it is better to reckon upon a longer stay.*
Si je puis vous y être utile dites-le-moi.	*If I can be of any use to you there, let me know.*
S'il y a quelque chose que je puisse faire pour vous, je m'en chargerai avec plaisir.	*If there is any thing that I can do for you, I shall be very happy to do it.*
Je profiterai de votre offre obligeante, et je passerai chez vous dans la soirée.	*I shall avail myself of your kind offer, and call upon you in the course of the evening.*
Vous êtes sûr de me trouver à la maison.	*You are sure to find me at home.*

DIALOGUE XXX.

EMBARKING IN A PACKET-BOAT.	L'EMBARQUEMENT DANS UN PAQUEBOT.
Capitaine, repassez-vous à Calais ?	*Captain, do you return to Calais ?*

Oui, Monsieur.	*Yes, sir.*
Quand partez-vous ?	*When do you sail ?*
Nous partirons à la marée prochaine, si le vent est bon.	*We shall sail next tide if the wind serves.*
Avez-vous beaucoup de passagers ?	*Have you got many passengers ?*
J'en ai déjà sept ou huit.	*I have seven or eight already.*
Sont-ils tous Anglais ?	*Are they all English people ?*
Non. Il y a une famille française qui retourne en France.	*No. There is a French family going back to France.*
Combien prenez-vous pour le passage ?	*How much do you charge for the passage ?*
Je prends une guinée par tête.	*I charge one guinea a head.*
On m'avait dit qu'on passait pour une demi-guinée.	*I have been told that one could pass for half-a-guinea.*
Tout le monde paye une guinée, je vous assure.	*Every one pays a guinea I assure you.*
C'est beaucoup d'argent ; mais il faut que chacun vive de son métier.	*It is very dear, but every one must live by his business.*

DIALOGUE XXXI.

THE SAME.	MÊME SUJET.
A quelle heure est la marée?	*What time is the tide?*
A quelle heure faut-il que je sois prêt.	*What time must I be ready?*
Si vous voulez me dire où vous logez, je vous ferai avertir par un de mes matelots.	*If you will tell me where you lodge, I will send one of my men to call you.*
Quelle heure sera-t-il bien?	*What o'clock do you suppose it will be?*
Il pourra être minuit, ou une heure.	*It may be twelve or one o'clock.*
En ce cas, il est inutile que je me couche.	*In that case I need not go to bed.*
Est-il à propos que je prenne des provisions avec moi?	*Must I take provisions with me?*
Peut-être que vous n'en aurez pas besoin. Mais la précaution ne nuit jamais.	*Perhaps you won't want any. But precaution never hurts.*
Combien croyez-vous que nous serons de temps sur mer?	*How long do you think we shall be at sea?*

Si le vent reste comme il est maintenant, nous serons trois ou quatre heures au plus.	*If the wind remains as it is now, we shall be three or four hours at the most.*
Mais vous savez que nous ne commandons pas aux élémens.	*But you know that we cannot rule the elements.*
Nous ne pouvons répondre de ce qui peut arriver.	*We cannot answer for what may happen.*
Hé bien, je me tiendrai prêt pour cette heure là, et j'aurai soin d'avoir tout ce qui est nécessaire.	*Well, I shall keep myself ready for that time, and take care to get every thing that is necessary.*

DIALOGUE XXXII.

ON THE PASSAGE.	PENDANT LA TRAVERSÉE.
Monsieur, nous allons mettre à la voile. On vous attend.	*Sir, we are going to sail. They wait for you.*
Allons, je suis tout prêt.	*Come, I am ready.*
Voulez-vous que je porte votre valise?	*Shall I carry your portmanteau?*

Entrez dans la chaloupe.	*Come into the boat.*
Nous voilà partis. Voyez quelle heure il est, pour savoir combien nous aurons été à la traversée.	*There we go. See what o'clock it is, to know how long we shall be on the passage.*
Il est exactement une heure.	*It is one o'clock exactly.*
Si nous allons de ce train, nous ne serons pas plus de trois heures.	*If we go at this rate, we shall not be above three hours.*
J'aimerais mieux aller un peu moins vite, et que la mer ne fût pas tout a fait si rude.	*I should prefer not to go quite so fast, and that the sea were not quite so rough.*
Quoi ! avez-vous peur ?	*What! are you afraid?*
Ce n'est rien que cela. Nous en serons quittes pour danser un peu.	*This is a trifle. It is but a little dancing.*
Je n'aime pas cette sorte de danse.	*I am not fond of that sort of dance.*
Dieu merci, nous voici arrivés sains et saufs.	*Thank God, we are arrived safe and sound.*

Combien de temps avons-nous mis à passer ?	*How long have we been in crossing over ?*
Trois heures et demie.	*Three hours and a half.*
Capitaine, voici votre argent. Et voici pour vos matelots.	*Captain , here is your money. And here is something for your men.*

DIALOGUE XXXIII.

LANDING.	LE DÉBARQUEMENT.
Maintenant, dites-moi, connaissez-vous une bonne hôtellerie ?	*Now, tell me, do you know of a good inn?*
Pouvez-vous m'enseigner une bonne auberge ?	*Can you direct me to a good inn ?*
Dites-moi, je vous prie, qu'elle est la meilleure hôtellerie.	*Tell me, if you please, which is the best inn.*
Il y en a plusieurs excellentes.	*There are several very good ones.*
Faites-moi le plaisir de m'enseigner la meilleure.	*Do me the favour to direct me to the best.*
Vous pouvez aller à	*You may go to the*

l'hôtel d'Angleterre en toute sûreté.	*hotel d'Angleterre with safety.*
Vous y serez très-bien.	*You will have good accommodation.*
Dans quelle rue est-ce? De quel côté est-ce?	*In what street is it? Which way is it?*
Si vous souhaitez, je vais vous y conduire.	*I will take you thither, if you like.*
Conduisez-y-moi. Je vous donnerai pour boire.	*Do. I will give you something to drink.*

DIALOGUE XXXIV.

IN AN INN.	A L'HOTELLERIE.
Messieurs, voici une auberge qui à assez bonne apparence.	*Gentlemen, here is an inn of a pretty good appearance.*
Descendrons - nous ici?	*Shall we alight here?*
Entrons: nous ne pouvons risquer que de passer une mauvaise nuit.	*Let us go in. We only risk to pass a bad night.*
Peut-on avoir à souper chez vous?	*Can we sup at your house?*
Avez-vous des chambres de libres?	*Have you any spare rooms?*
Pouvons-nous coucher ici?	*Can we sleep here?*

Pouvez-vous nous donner à coucher pour cette nuit ?	*Can you accommodate us with beds to-night ?*
Pouvez-vous nous loger pour cette nuit ?	*Can you accommodate us for this night ?*
Oui, Messieurs ; vous trouverez ici de belles chambres et de bons lits.	*Yes, Gentlemen, you will find fine rooms and good beds here.*
Je ne me soucie pas de la chambre, pourvu que le lit soit bon.	*I don't care for the room, provided the bed is good.*
Vous ne pouvez trouver nulle part de meilleurs lits.	*You cannot find better beds any where.*
Surtout, faites-nous bon feu, car nous sommes transis de froid.	*Above all, do make a good fire, for we are benumbed with cold.*
Garçon, conduisez ces messieurs dans la grande salle, et faites-y du feu tout de suite.	*Boy, show the gentlemen into the great parlour, and make a fire there immediately.*

DIALOGUE XXXV.

WITH A GROOM.	AVEC UN GARÇON D'ÉCURIE.
Messieurs, nous ferons bien d'aller voir si nos chevaux ne manquent de rien.	*Gentlemen, we shall do well to go and see if our horses have all they want.*
C'est fort bien pensé.	*It is a very good thought.*
Où est le garçon d'écurie ?	*Where is the groom ?*
Me voici, Messieurs.	*Here I am, gentlemen.*
Où sont nos chevaux ?	*Where are our horses?*
Ils sont dans l'écurie.	*They are in the stable.*
Ont-ils mangé l'avoine ?	*Have they eaten their oats ?*
Vous n'avez pas eu soin de les bouchonner comme il faut.	*You have not taken care to rub them as you should.*
Vous ne leur avez pas lavé les pieds.	*You have not washed their feet.*
Ils sont encore tout crottés.	*They are still all over dirt.*
Lavez-les sur-le-champ, et les essuyez proprement avec de la paille.	*Wash them directly, and wipe them clean with straw.*

Les avez-vous menés à l'abreuvoir?	*Did you take them to the watering place?*
Les avez-vous fait boire?	*Did they drink?*
Donnez-leur une botte de foin, et de la paille fraîche.	*Give them a bundle of hay, and some new straw.*
Demain matin vous leur donnerez encore une mesure d'avoine.	*To-morrow you'll give them another feed of oats.*
Voyez si tous les fers sont bons.	*See whether their shoes are all good.*
Voyez s'il n'y a rien à faire aux fers.	*See whether there is any thing to be done to their shoes.*
En voici un qui pourra bien manquer sur la route.	*Here is one which is very likely to fail upon the road.*
Menez mon cheval chez le maréchal, et faites-le referrer sur-le-champ.	*Take my horse to the farrier, and have another shoe put on immediately.*

DIALOGUE XXXVI.

WITH AN INN-KEEPER.	AVEC UN AUBERGISTE.
Messieurs, que souhaitez-vous pour votre souper?	*Gentlemen, what do you wish to have for your supper?*

Messieurs, ne désirez-vous pas souper ?	*Gentlemen, don't you wish to have some supper ?*
Qu'avez-vous à nous donner ?	*What have you got to give us ?*
Avez-vous quelque chose à nous donner ?	*Have you got any thing to give us ?*
J'ai un gigot de mouton, un pâté de canards, et des volailles froides.	*I have a leg of mutton, a duck pie, and some cold fowls.*
Ou, si vous l'aimez mieux, je vais faire mettre des pigeons à la broche.	*Or, if you prefer it, I will order some pigeons to be roasted.*
Voyez, Messieurs, ce que vous désirez.	*See, gentlemen, what you please to order.*
Choisissez ce que vous aimez le mieux.	*Choose what you like best.*
Mon goût sera celui de la compagnie.	*My choice will be that of the company.*
Je n'ai point d'autre goût que celui de la compagnie.	*I have no other wish than that of the company.*
Hé bien, apportez-nous une bonne volaille froide, et le pâté de canards.	*Well, then, bring in a good cold fowl, and the duck pie.*
Surtout, donnez-nous	*Above all, let us have*

de votre meilleur vin. — *some of your best wine.*

Ne voulez-vous rien autre chose ? — *Do you want any thing else ?*

Non. Seulement faites-nous souper promptement, car nous avons besoin de reposer. — *No. Only let us have our supper quickly, for we want to rest ourselves.*

Vous allez être servis dans la minute. — *You shall be served in a minute.*

Nos valises sont-elles dans nos chambres ? — *Are our portmanteaus in our rooms ?*

Oui, Messieurs. Je les y ai fait porter devant moi. — *Yes, Gentlemen. I had them carried up before me.*

DIALOGUE XXXVII.

THE SAME.	MÊME SUJET.
Nos chambres sont-elles prêtes ?	*Are our rooms ready ?*
Les lits sont-ils faits ?	*Are the beds made ?*
Êtes-vous sûr que les draps soient bien secs ?	*Are you sure the sheets are well aired ?*
Je vais me coucher, et tâcher de dormir.	*I am going to bed, and I will endeavour to sleep.*
Je vous conseille d'en faire autant.	*I advise you to do the same.*

Garçon, souvenez-vous que nous voulons partir à six heures précises.	*Waiter, remember that we want to set out exactly at six o'clock.*
J'aurai soin de venir vous éveiller.	*I shall take care to come and awake you.*
Où est votre maître, que nous comptions avec lui ?	*Where is your master, that we may settle with him ?*
Le voici qui vient.	*He is just coming.*
Combien vous devons-nous ?	*How much do we owe you ?*
Avez-vous fait notre compte ?	*Have you made up our bill?*
A combien se monte notre dépense ?	*How much does our expense come to ?*
De combien vous sommes-nous redevables ?	*How much are we in your debt ?*
Il y a tant pour votre souper et votre coucher, et tant pour vos chevaux.	*There is so much for your supper and beds, and so much for your horses.*
C'est beaucoup, mais il faut en passer par là.	*It is a good deal, but we must submit to it.*
Que voulez-vous ? Il faut toujours s'attendre à être étrillé dans les auberges.	*What will you do ? People must always expect to be fleeced in the inns.*

DIALOGUE XXXVIII.

TRAVELLING.	EN VOYAGEANT.
Allez-vous à Paris ?	*Are you going to Paris ?*
Allez-vous jusqu'à Paris ?	*Do you go all the way to Paris ?*
Oui, Monsieur.	*I do, sir.*
J'aurai donc le plaisir de votre compagnie, car j'y vais aussi.	*Then I shall have the pleasure of your company, for I am going thither myself.*
J'en suis charmé.	*I am very glad of it.*
La compagnie fait trouver la route moins longue.	*Company makes a journey less tedious.*
Il est bien désagréable de voyager tout seul.	*It is very disagreeable to travel by one's self.*
Mais quand on est en compagnie, on parle, on cause, et le temps se passe sans qu'on s'en aperçoive.	*But in company one speaks, one talks, and time flies away without being perceived.*
Combien compte-t-on d'ici à Paris ?	*How far do they reckon from hence to Paris ?*
On compte soixante	*They call it seventy*

et dix lieues, mais elles sont courtes.	*leagues, but they are short.*
J'ai entendu dire qu'il y a trente-sept postes.	*I have heard that there are thirty-seven posts.*
Cela est vrai. Mais le nombre des postes ne se rapporte jamais avec celui des lieues.	*It is true. But the number of posts never agrees with that of leagues.*
Les maîtres de poste savent toujours les compter à leur avantage.	*The post-masters always contrive to reckon them to their advantage.*

DIALOGUE XXXIX.

THE SAME.	MÊME SUJET.
Quand pensez-vous que nous arriverons à Paris?	*When do you think we shall reach Paris?*
J'espère que nous arriverons demain.	*I hope we shall arrive to-morrow.*
Mais il pourra être un peu tard, car les chemins sont bien mauvais.	*But it may be pretty late, for the roads are very bad.*
Les chemins ne sont pas très-bons.	*The roads are very indifferent.*
Les chemins sont lourds.	*The roads are heavy.*

La pluie a gâté toutes les routes.	*The rain has spoiled all the roads.*
Avez-vous déjà fait cette route ?	*Did you ever travel this way before?*
Plusieurs fois.	*Many times.*
Je connais parfaitement la route.	*I know the road perfectly.*
Où est le premier relais ?	*Where is the first stage?*
Où change-t-on de chevaux ?	*Where do they change horses?*
Ne passons-nous pas par *** ?	*Shall we not pass through ***?*
Non, Monsieur. On le laisse à gauche.	*No, Sir. We leave it on the left.*
Mais nous passerons par **, où l'on s'arrête pour changer de chevaux.	*But we shall pass through **, where they stop to change horses.*

DIALOGUE XL.

THE SAME.	MÊME SUJET
Oùcoucherons-nous ? En quel endroit coucherons-nous ?	*At what place shall we sleep? Where shall we sleep?*
Nous allons coucher à ***, d'où nous n'aurons plus que seize postes pour arriver à Paris.	*We shall sleep at ***, from whence there are only sixteen posts to Paris.*

Nous serons donc déjà plus d'à moitié chemin.	*Then we shall be more than half way.*
Oui, mais aussi il y a bien des collines, et les chemins sont généralement très-mauvais.	*Yes; but then there are many hills, and the roads are generally very bad.*
Pourquoi donc préfère-t-on cette route-ci à l'autre?	*Why then do they prefer this road to the other?*
C'est qu'on y gagne deux postes.	*It is because they save two posts.*
Cela n'est pas à mépriser; car il en coûte beaucoup pour voyager.	*That is not to be slighted; for travelling is very expensive.*
Il faut toujours avoir l'argent à la main; encore est-on très-mal dans les auberges.	*One must always have money in hand; and even then one is very badly acommodated at the inns.*
Pour moi, je suis charmé de jouir de votre compagnie.	*For my own part, I am very glad of enjoying your company.*
Mais je vous avoue que je voudrais déjà être arrivé.	*But I confess I wish I had arrived already.*
Je vous crois sans peine.	*I can easily believe you.*

Mais prenons patience. — *But let us have patience.*

Encore quelques heures, et nous serons au bout de notre voyage. — *A few hours more, and we shall be at our journey's end.*

PART IV.

MODELS OF CARDS.—*MODÈLES DE LETTRES.*

MONSIEUR A., se trouvant obligé d'aller à la campagne demain, prie Monsieur F. de ne pas se donner la peine de passer chez lui. Monsieur A. sera bien aise de voir Monsieur F. après demain, à l'heure qui lui sera la plus convenable.

Mr. A. finding himself obliged to go into the country to-morrow, desires Mr. F. not to give himself the trouble of calling upon him. Mr. A. will be very glad to see Mr. F. the day after to-morrow, at any hour which will be most convenient to him.

Madame B. présente ses complimens à Monsieur E. Comme

Mrs. B. presents her compliments to Mr. E. As she is go-

elle va ce soir au bal, elle ne pourra pas avoir le plaisir de le voir aujourd'hui, et prie Monsieur E. de vouloir bien ne venir demain qu'à onze heures.	*ing this evening to a ball, she cannot have the pleasure of seeing him to-day, and desires Mr. E. to be so kind as not to come to-morrow till eleven o'clock.*

Monsieur et Madame C. présentent leurs très-humbles respects à Monsieur et à Madame N., et les prient de leur faire l'honneur de venir dîner avec eux jeudi prochain, à cinq heures.	*Mr. and Mrs. C. present their most respectful compliments to Mr. and Mrs. N., and beg the honour of their company to dinner on Thursday next, at five o'clock.*

Madame D. souhaite le bon jour à Mademoiselle L. et espère qu'elle voudra bien l'honorer de sa compagnie, à une partie de cartes, mardi prochain.	*Mrs. D. wishes Miss L. a good morning, and hopes she will do her the honour of her company to cards, on Tuesday next.*

Mrs. E. to Miss P.

Je vous invite, ma chère, à venir prendre le thé avec moi; je serai seule, et j'espère que vous voudrez bien me procurer le plaisir de votre charmante compagnie : ne me refusez pas cette grâce. Adieu.

Madame E. à Mademoiselle P.

I invite you, my dear, to come and take a dish of tea with me; I shall be alone, and hope you will favour me with your agreeable company : do not refuse me this kindness. Adieu.

Answer.

Je vous remercie infiniment, ma chère, de votre obligeante invitation : mais je suis extrêmement fâchée de ne pouvoir l'accepter, parce que nous attendons compagnie ce soir. Pour demain, vous pouvez disposer de moi ; et, si vous ne venez pas me voir le matin, j'irai certainement vous trouver le soir.

Réponse.

I am much obliged to you, my dear, for your kind invitation: but I am extremely sorry it is not in my power to comply with it, because we expect company this evening. As for to-morrow, I am at your service; and if you do not call on me in the morning, I will certainly wait on you in the evening.

Mrs. G. to Mrs. F.

Madame G. à Madame F.

Je viens d'arriver de—: si vos occupations vous permettent de venir chez moi, je vous apprendrai des nouvelles qui vous feront plaisir. Je serai toute la journée à la maison, ainsi vous pouvez choisir votre heure.

I am just arrived from ——: if you are at leisure to give me a call, I will tell you some news that will please you. I shall be at home the whole day, so that you may choose your time.

Answer.

Réponse.

Je suis charmée d'apprendre que vous soyez enfin de retour de ——; n'eussé-je d'autre motif que celui de vous en féliciter après une si longue absence, cela seul m'engagerait à vous aller voir. Vous pouvez donc compter que je me rendrai chez vous cette après-midi, sur les six heures

It gives me pleasure to hear that you are at last returned from —; had I no other motive but that of congratulating you on your happy arrival after so long an absence, that alone would induce me to wait on you. You may therefore depend upon seeing me this evening about six o'clock.

Mr. A. to Mr. D.

Je vous prie de me renvoyer le livre que je vous ai prêté, aussitôt que vous l'aurez lu, comme ma sœur serait bien aise de le lire après vous. Vous êtes trop poli pour ne pas faire toute diligence possible pour obliger celui qui vous estime, etc.

Monsieur A. à Monsieur D.

Pray send me the book which I have lent you as soon as you shall have read it, as my sister would be glad to read it after you. You are too polite not to use all possible diligence to oblige him who esteems you, etc.

Answer.

Je vous renvoie le livre que vous m'avez prêté; je l'ai lu avec beaucoup de plaisir. Je ne doute pas que mademoiselle votre sœur n'y en trouve aussi; il est très-amusant et très-instructif pour les jeunes gens qui aiment à s'instruire.

Réponse.

I send you the book which you have lent me; I have read it with much pleasure. I have no doubt but your sister will do the same. It is very amusing and instructive for young persons who are fond of informing themselves.

Mr. G. to Mr. M.

Monsieur G. à Monsieur M.

Comme il fait un charmant temps aujourd'hui, je vous attends après dîner: nous irons nous promener au parc, et ensuite nous irons prendre le thé aux jardins de Kensington, où nous nous amuserons jusqu'au soir. N'oubliez pas de venir aussitôt que vous aurez dîné.

As it is very fine to-day, I expect you after dinner; we will take a walk in the Park, and afterwards we will go and take tea in Kensington Gardens, where we will amuse ourselves till the evening. Do not forget to come immediately you have dined.

Mr. N. to Mr. S.

Monsieur N. à Monsieur S.

Je vous prie ne m'attendez pas ce soir; car je suis engagé pour toute la soirée. Le porteur du présent, vous fera de ma part un rapport exact des raisons qui m'empêchent. Je suis

I beg you will not expect me to-night, for I am engaged the whole evening. The bearer will explain to you for me an exact account of the reasons which prevent me. I am persuaded you will

persuadé que vous les approuverez, et me croirez avec un profond respect, etc.

approve of them, and believe me to be with profound respect, etc.

Monsieur,

Comme on représente ce soir une nouvelle tragédie, je me propose d'y aller de bonne heure pour trouver une place commode, car je n'aime point à être gêné. On dit que M. Kean joue le rôle de — ; jugez quelle foule de monde il y aura. Si vous avez le temps de venir avec moi, je serai charmé d'avoir votre compagnie.

Sir,

As there is to be a new play this evening, I propose going early to get a good seat, as I do not like to be crowded. They say Mr. Kean is to represent the character of—— ; you may guess what a crowd there will be. If you have time to go with me, I shall be glad of your company.

Monsieur,

Ne soyez pas surpris qu'ayant un grand mal de tête, je ne me sois pas

Sir,

Do not be surprised if I am not at the meeting (place), having a very bad head-

trouvé au rendez-vous. Ce n'est pourtant pas l'étude qui me l'a occasionné; vous savez que je suis naturellement un peu paresseux; mais demain je vous suis devoué toute la journée.

ache, though study has not occasioned it. You know that I am naturally a little idle, but to-morrow I shall be the whole day at your service.

Mademoiselle,

Je suis charmée d'apprendre que vous soyez de retour de la campagne; j'aurai le plaisir de vous voir souvent. Venez aujourd'hui si vous le pouvez; nous nous amuserons à faire une partie de cartes. Ma sœur et mon frère vous invitent aussi bien que moi. Adieu.

Miss,

I am overjoyed (or happy) to hear that you are returned from the country; I shall have the pleasure to see you often. Come to-day if you can; we will amuse ourselves with a game of cards. My sister and brother invite you as well as myself. Farewell.

MODÈLES DE LETTRES DE CHANGE.

MODELS OF BILLS OF EXCHANGE.

Bon pour 236 Livres.

Londres, le 1 Jan. 1826.

Monsieur,

A vue, il vous plaira payer, par cette première de change, à Monsieur A., la somme de deux cent trente-six livres, pour valeur reçue comptant (ou en marchandises), et la passerez en compte, comme par avis de votre, etc.

A Monsieur P., Négociant, à Paris.

For 236 *Livres.*

London, Jan. 1, 1826.

Sir,

At sight, please to pay this first bill of exchange to Mr. A., the sum of two hundred and thirty-six French livres, for value received of him in cash (or in goods), and place it to account as per advice,

From your, etc.

To Mr. P., Merchant, Paris.

Londres, le 6 Févr., 1826.

Monsieur,

J'ai, ce jourd'hui, tiré sur vous une somme de quatre cent cinquante li-

London, Feb. 6, 1826.

Sir,

I have this day drawn on you for four hundred and fifty French livres, pay-

vres tournois, payable à vue à Monsieur S., pour valeur reçue de lui. Je vous prie d'y faire honneur, et de m'en donner débit dans mon compte ; ce qu'espérant de votre ponctualité,

Je suis, Monsieur,
Votre, etc.

A Monsieur R., Banquier, à Paris.

able at sight to Mr. S., for value received of him. I beg you will honour it and place it to my account, which expecting from your punctuality,

I am, Sir,
Your, etc. etc.

To Mr. R., Banker, Paris.

Bon pour 200 Livres 14 Sous.

For 200 *Liv.* 14 *Sols.*

York, le 7 *Mars,* 1826.

York, March 7, 1826.

Monsieur,

A un mois de vue, il vous plaira payer par cette seule lettre de change, à Monsieur L., ou à son ordre, la somme de deux cents livres quatorze sous, pour valeur reçue de lui en marchandises,

Sir,

One month after sight, you will please to pay by this sole bill of exchange, to Mr. L., or order, the sum of two hundred livres and fourteen sols, for value received of him in goods, and place it to ac-

que vous passerez en compte comme par avis de votre, etc.	*count as per advice, from your, etc.*
A Monsieur E., Négociant, à Nantes.	To Mr. E., Merchant, Nantes.

Bon pour 6000 Livres.	*For* 6000 *Livres.*
Londres, le 15 *Avril*, 1826.	London, April 15, 1826.
Monsieur,	*Sir,*
Au vingt de janvier prochain, il vous plaira payer à Monsieur Jean Moore, ou à son ordre, la somme de six mille livres tournois, valeur reçue de lui, que vous passerez en compte, comme par avis de votre, etc., etc.	*On the twentieth of January next please to pay to Mr. John Moore, or order, the sum of six thousand livres, for value received of him, and place it to account, as per advice from your, etc.*
A Monsieur F., Négociant, à Cherbourg.	To Mr. F., Merchant, Cherbourg.

Londres, le 11 *Fév.*, 1826.	London, Feb. 11, 1826.
Monsieur,	*Sir,*
Dans deux mois il vous plaira payer à Monsieur ——, ou à	*Two months after date, please to pay Mr. ——, or order, the*

son ordre, la somme de — livres — schelins et — deniers sterling, que vous placerez au compte de votre très-humble serviteur, A. F.

A Monsieur L., Negociant, à Marseille.

sum of ——— pounds ——— shillings and ——— pence, and place the same to the account of your humble servant,

A. F.

To Mr. L., Merchant, Marseilles.

Bon pour 4000 Livres.

Hull, le 2 Mars, 1826.

Monsieur,

A deux usances il vous plaira payer par cette lettre de change, à Monsieur R——, quatre mille livres tournois, argent courant, valeur reçue de Monsieur W——, et passer ladite somme à compte, suivant l'avis de votre, etc., etc.

A Monsieur G., Banquier, à Paris.

For 4000 *Livres.*

Hull, March 2, 1826.

Sir,

At double usance please to pay, on this bill of exchange, to Mr. R———, four thousand French livres currency, for value received from Mr. W——, and pass the same to account, as per advice, from your, etc.

To Mr. G., Banker, Paris.

BILLETS ET REÇUS.

PROMISSORY NOTES AND RECEIPTS.

Bon pour 220 Livres.	*For* 220 *Livres.*
Dans six mois, je promets payer à Monsieur A—, ou à son ordre, la somme de deux cent vingt livres, valeur reçue en marchandises dudit sieur. Fait à Rouen, le 8 janvier, 1826.	*Six months after date, I promise to pay Mr. A——, or order, the sum of two hundred and twenty livres, for value received in goods of the said gentleman. Rouen, this 8th day of January,* 1826

NOTE OF HAND.	PROMESSE.
Londrès, le 12 *Févr.*, 1826.	London, Feb. 12, 1826.
Sur demande, je promets payer à Monsieur Evans, ou à son ordre, la somme de —— livres sterling, pour valeur reçue.	*On demand, I promise to pay Mr. Evans, or order, the sum of* ——— *pounds sterling, for value received.*
T. B.	T. B.

Bon pour 660 Livres.	*For* 660 *Livres.*
Nous soussignés promettons payer so-	*We, the underwritten, promise conjoint-*

lidairement, le vingt juillet prochain, à Monsieur C——, la somme de six cent soixante livres tournois, qu'il nous a prêtée pour nous obliger. Fait à Londres, ce 26 mars, 1826.

ly to pay, on the twentieth of next July, to Mr. C——, the sum of six hundred and sixty French livres, which he has lent us to oblige us.—London, March the 26th, 1825.

A RECEIPT.

Je soussigné reconnais avoir reçu de Monsieur Dubois la somme de cent livres sterling, que je lui avais prêtée, suivant sa promesse du 4 de janvier dernier; que pour ce j'ai présentement remise entre les mains dudit sieur Dubois, comme acquittée. Fait à Valognes, ce 10 mai, 1826.

QUITTANCE.

I, the underwritten, declare to have received of Mr. Dubois, the sum of one hundred pounds sterling, which I had lent him, according to his promissory note of the 4th of last January; which on this account I now return into the hand of the said Mr. Dubois, as discharged.—Valognes, May the 10th, 1826.

ANOTHER RECEIPT.

Je reconnais avoir reçu de Monsieur

AUTRE QUITTANCE.

This is to acknowledge, that I have re-

H——, la somme de vingt livres tournois pour deux années d'intérêts de la somme de deux cents livres tournois qu'il me doit, échue le premier de février dernier. —Fait à Caen, ce 30 avril, 1826.

ceived of Mr. H—— the sum of twenty French livres, for two years interest of the sum of two hundred livres, which he owes me, due on the first of February last.— Caen, April the 30th, 1826.

MODÈLES DE LETTRES DE COMMERCE.

MODELS OF COMMERCIAL LETTERS.

First Letter. For beginning a Correspondence.

Première Lettre. Pour entrer en Correspondance.

Messieurs,

Dans l'espérance d'augmenter le nombre de nos correspondans en France, nous avons prié plusieurs de nos amis de nous faire connaître les maisons de ce pays-là avec lesquelles nous pourrions négocier en toute sûreté ; et,

Gentlemen,

With the hope of enlarging the number of our correspondents in France, we have desired several of our friends to inform us of the different houses of that country with which we might negociate with safety ; and, as they have con-

comme on nous a assurés de votre probité, et des bonnes commissions que vous donnez pour la vente et l'achat de diverses marchandises, nous vous prions d'agréer nos services, que nous vous offrons en toutes occasions ; notre principal commerce consistant dans l'achat et la vente de ——, etc.

vinced us of your integrity, and of the good commissions which you give for the sale and purchase of various goods, we desire you to accept our services, which we offer you upon all occasions, our principal commerce consisting in buying and selling ——, etc.

Nous nous flattons que, lorsque vous connaîtrez notre façon de commercer et de ménager les intérêts de nos amis, vous vous prêterez volontiers à continuer une correspondance qui peut nous être également utile et avantageuse. Vous pouvez, de votre côté, vous informer de notre maison à qui il vous plaira ; nous sommes

We flatter ourselves that, when you have seen our method of trading and managing the concerns of our friends, you will readily consent to the carrying on a correspondence that may be equally useful and advantageous to both parties.

On your part, you may enquire of whom you please, concerning our house ; we are

persuadés que personne ne pourra, avec justice, vous en parler à notre désavantage.

persuaded that no person can, with justice, speak to our disadvantage.

Nous espérons que vous nous honorerez de vos commissions: vous pouvez être persuadés de notre attention et de notre vigilance à vous bien servir, ne désirant rien plus que de vous prouver la parfaite considération avec laquelle nous avons l'honneur d'être,

Messieurs,
Vos très-humbles
Serviteurs.

We hope that you will honour us with your commissions: you may be assured of our attention and vigilance to serve you well, as we wish nothing more than to convince you of the perfect regard with which we have the honour to be,

Gentlemen,
Your very humble
Servants.

Answer.

Réponse.

Messieurs,

Répondant à l'honneur de votre lettre du 1er janvier dernier, nous vous dirons que nous sommes in-

Gentlemen,

In answer to your favour of the 1st of January last, we inform you that we are infinitely pleased with

finiment flattés de l'opinion avantageuse que vous avez conçue de nous. C'est avec plaisir que nous embrassons l'occasion de faire une connaissance plus particulière avec vous, Messieurs, sans qu'il nous soit nécessaire de prendre d'autres informations : et, dans les occasions, nous nous prévaudrons de vos offres obligeantes.

the favourable opinion you have entertained of us. We embrace, with a sensible pleasure, the opportunity of cultivating a more particular acquaintance with you, Gentlemen, being under no necessity to make further inquiry; and when opportunities occur, we will avail ourselves of your obliging offers.

Nous vous assurons que, pour le présent nos commissions sont très-peu considérables; car il y a si longtemps que le commerce languit, et surtout depuis le commencement de la guerre, que nous n'osions rien entreprendre. Maintenant, pour donner lieu entre nous à une correspondance qui, par

We assure you that at present our commissions are very small; for trade has languished so long, and especially since the beginning of the war, that we durst not attempt any thing. Now, in order to make a beginning to a correspondence, which in process of time may prove advantageous, be so kind as to send

la suite peut devenir avantageuse, ayez la bonté de nous envoyer le prix courant des ——. Pour peu que vous nous laissiez entrevoir l'espérance d'un heureux succès nous vous expédierons ——, pour vous faire connaître le désir que nous avons d'être au nombre de vos amis. Nous vous prions de nous honorer de vos ordres dans toutes les occasions où nous pourrons vous rendre service, vous assurant que nous sommes très-parfaitement,

Messieurs,
Vos très-humbles
Serviteurs.

the price current of ——. How little prospect soever you may afford us of a fortunate issue, we shall dispatch you ——, to let you know the wish we have of being among the number of your friends.

We desire you to honour us with your orders on all occasions, in which it will be in our power to do you a service; assuring you that we are, very perfectly,

Gentlemen,
Your most humble
Servants.

Second Letter.

Messieurs,

D'ordre et pour compte de Messieurs

Deuxième Lettre

Gentlemen,

By order and on account of Messrs.

——, de ——, nous avons chargé sur le navire ——, Capitaine ——, faisant voile de notre port pour la susdite place, vingt balles de ——, et huit de ——, montant à —— livres sterling. Ci-joint nous vous en remettons le connaissement, signé dudit Capitaine, et vous prions de vouloir bien en faire soigner l'assurance au plus grand avantage de notre ami de ——, avec lequel vous vous arrangerez pour vos déboursés à ce sujet. Il nous reste encore un pareil envoi à vous faire dans quelques semaines, et nous vous prions dans le temps de vouloir bien vous donner la peine de le faire pareillement assurer chez vous. Nous demeu-

——, of ——, we have shipped on board the ship ——, Captain ——, who is to sail from our port for the above place, twenty bales of ——, and eight of ——, amounting to —— pounds sterling. We send you hereto annexed the bill of lading, signed by the said Captain, and beg you will cause the insurance to be taken care of to the best advantage of our friend at ——, with whom you will settle your disbursement on this business. We have yet remaining a cargo of the same nature to forward to you in a few weeks, and we request of you in due time to take the trouble of having it likewise insured in your town.

rons avec toute la considération possible,

Messieurs,

Vos, etc., etc.

We remain, with all possible regard,

Gentlemen,

etc., etc.

Answer.

Nous avons reçu l'honneur de votre lettre du —— courant, qui nous porte le connaissement de vingt balles de ——, et huit de ——, que vous avez chargées pour compte de Messieurs —— frères, de ——, sur le navire ——, Capitaine ——, et dont vous nous commettez l'assurance; ce que nous venons d'effectuer, et nous en donnons avis aujourd'hui auxdits amis de ——, en leur indiquant la prime à laquelle nous avons pu obtenir ladite as-

Réponse.

We have received the honour of your's of the —— instant, which brings us the bill of lading of twenty bales of ——, and eight of ——, which you have placed to the account of Messrs. —— brothers, of ——, on board the ship ——, Captain —— commander, the insurance whereof you leave to us, which we have lately effected, and shall immediately acquaint our said friends at —— with it, and inform them of the premium at which we

surance. Nous ferons de même de ce qui reste à passer; et, dès que vous nous en aurez donné avis, nous y porterons également nos soins

En attendant, nous avons l'honneur d'être véritablement, Messieurs, etc. etc.

procured the said insurance

We shall pursue the same method with respect to what remains to be transmitted; and the moment we receive an account of it from you, we will apply ourselves to that business with equal assiduity. In the mean time we have the honour to be sincerely, Gentlemen, your most humble and obedient servant.

Third Letter.

Monsieur,

J'ai reçu votre lettre du —— dernier, avec la facture et le connaissement inclus. Je vous remets par le courrier une lettre de change, ci-jointe, sur Messieurs

Troisième Lettre.

Sir,

I have received your's of the —— ult. with your invoice and bill of lading enclosed. I remit you by this post, a bill of exchange herein contained, upon Messrs

—— et Comp. de —— —— livres sterling, en vous priant de m'envoyer à la première occasion, trente pièces de toile de lin, d'environ six schellings la verge, et douze pièces de drap ——, d'environ une guinée l'aune, le tout selon votre goût. Je suis,

Monsieur,

Votre, etc., etc.

—— *and Co. for —— pounds sterling; and beg you would send me by the first opportunity thirty pieces of linen cloth, about six shillings a yard, and twelve pieces of cloth, about one guinea an ell; the whole after your taste and judgment. I remain,*

Sir,

Your, etc., etc.

Answer.

Réponse.

Monsieur,

J'ai sous les yeux votre lettre du ——, avec votre traite sur Messieurs —— et Comp. de —— livres sterling; elle a été acceptée, et j'en ai porté le montant sur votre compte. Je vous ferai remettre, en conséquence de vos

Sir,

Your's of the —— instant lies now before me, together with your draft on Messrs. —— and Co. for —— pounds sterling; it has been accepted, and the amount duly carried to your account. I will consign to you by the ship ——

ordres, par le vaisseau ——, dont le Capitaine s'appelle —, trente pièces de toile de lin, et douze pièces de drap ——. S'il y a quelque autre chose pour votre service, je me flatte que vous voudrez bien me donner vos ordres. Je suis,

Monsieur,

Votre, etc., etc.

Captain ——, thirty pieces of linen cloth, and twelve pieces of —— cloth, according to your order. If you want any thing further, I hope you will favour me with your orders. I am,

Sir,

Your, etc., etc.

Fourth Letter. From a Country Shopkeeper to a Paris Merchant.

Quatrième Lettre. D'un Marchand de Province à un Négociant de Paris.

Monsieur,

Je vous prie de vouloir bien me faire savoir, par le premier courrier, le prix courant de ——, dont je joins ici l'énumération. Si je trouve qu'il y ait un profit raisonnable à faire,

Sir,

I beg you will be so kind, by return of post, as to let me know the current prices of ——, which I have subjoined. If I find they admit a reasonable profit, you will shortly receive a very

vous recevrez, dans peu, des demandes considérables, tant pour moi que pour mes correspondans. Je suis, etc., etc.

considerable order for myself and correspondents. I am,

Sir,

Your humble servant,

etc. etc.

Answer.

Monsieur,

Suivant votre demande, j'ai mis à chaque article le prix que vous désirez connaître; j'y ai joint en même temps ceux du détail, afin que vous puissiez juger du bénéfice.

Ayant quelque sujet de craindre que ces marchandises ne soient bientôt renchéries, je recommande à vous et à vos amis, le moment présent, comme le plus favorable pour vos achats. Je suis, etc.

Réponse.

Sir,

Agreeably to your request, I have marked the price on each article, which you wished to know; showing at the same time, the retail prices, that you may judge of the profits. As I have some apprehension that their prices will be shortly advanced, I recommend the present time as the best for yourself and friends to purchase. I am, Sir,

Your's, etc.

Fifth Letter. From a Tradesman to another for Money.

Cinquième Lettre D'un Marchand à un autre, pour avoir de l'Argent.

Monsieur,

Ayant à payer un billet inattendu, et manquant en ce moment de fonds, je prends la liberté de vous importuner au sujet de la petite balance de compte qui existe entre nous. S'il ne vous convenait pas de me remettre la totalité, vous m'obligeriez infiniment, dans la circonstance critique où je me trouve, de m'en faire passer une partie. En attendant votre réponse, je reste, avec un profond respect, etc.

Sir,

Having an unexpected bill to take up, and being at present deficient in money, I take the liberty of troubling you for the small balance of accounts which is at present between us. If it should be inconvenient to let me have the whole, a part, at this critical juncture, will exceedingly oblige me. In waiting for your answer, I remain, with profound respect, etc.

Answer.

Réponse.

Monsieur,

Conformément à votre demande, j'ai

Sir,

Agreeably to your request, I have inclos-

envoyé pour l'entière balance de ce qui reste dû, un effet payable à vue, à Monsieur ——, à ——, qui vous le remettra, ou en comptera le montant sur votre quittance. Je vous prie, à l'avenir, de me prevenir en temps convenable, quand vous souhaiterez qu'il vous soit fait quelque payement. Votre, etc.

ed for the full balance which remains due, an order, payable at sight, to Mr. ——, of ——, who will deliver either it or the cash, upon receiving your receipt for the same. I request that, for the future, you will give me proper notice when you wish payment to be made.

Your, etc.

BIBLIOTHÈQUE ROYALE

Paris, Imprimerie de Smith, rue Montmorency, 16

TABLE DES MATIERES.

CONTENTS.

PART I.

PHRASES ÉLÉMENTAIRES.—ELEMENTARY PHRASES.

PART II.

DIALOGUES FAMILIERS.—FAMILIAR DIALOGUES.

PART III.

DIALOGUES FACILES.—EASY DIALOGUES.

PART IV.

www.ingramcontent.com/pod-product-compliance
Ingram Content Group UK Ltd.
Pitfield, Milton Keynes, MK11 3LW, UK
UKHW021856190726
13855UKWH00001B/346